최고의 보훈 행정사가 쓴
국가유공자 보훈심사란?

최고의 보훈 행정사가 쓴
국가유공자 보훈심사란?

초판 1쇄 발행 2022년 3월 30일

지은이 진익천
펴낸이 장현수
펴낸곳 메이킹북스
출판등록 제 2019-000010호

디자인 이설
편집 이설
교정 강인영
마케팅 정지윤

주소 서울특별시 구로구 경인로 661, 핀포인트타워 912-914호
전화 02-2135-5086
팩스 02-2135-5087
이메일 making_books@naver.com
홈페이지 www.makingbooks.co.kr

ISBN 979-11-6791-123-0(03360)
값 32,000원

ⓒ 진익천 2022 Printed in Korea

잘못된 책은 구입하신 곳에서 바꾸어 드립니다.
이 책의 전부 또는 일부 내용을 재사용하려면 사전에 저작권자와 펴낸곳의 동의를 받아야 합니다.

메이킹북스는 저자님의 소중한 투고 원고를 기다립니다.
출간에 대한 관심이 있으신 분은 making_books@naver.com로 보내 주세요.

최고의
보훈 행정사가 쓴

국가유공자 보훈심사란?

KMSC

진익천 지음

국가보훈심사에 대한 일반 행정절차, 대표적인 보훈심사 성공사례와
비해당 사례, 국가보훈심사에 대한 질문 및 답변 등에 대한 내용이 수록된 책!

메이킹북스

인사말

　지은이가 행정사무소를 2001년 개소하여 보훈 및 국방 민원 업무를 수행한 지, 벌써 20년이 되었습니다.

　군에서 상이사고에 대한 전공상 심의 및 보상, 국가보훈심사, 사망사고에 대한 수습과 보상 업무, 각종 징계 처분 등의 인사업무를 수행하면서 얻은 실무경험을 바탕으로 2001년 처음 일을 시작하였는데, 강산이 2번이나 변할 정도로 세월이 흘렀습니다.

　과거에는 국가 보훈업무에 대하여 관심이 없거나 문외한이었던 분들이 최근에는 인터넷, TV 방송, 유튜브, 신문 등을 통하여 보훈에 대한 정보를 획득하게 되었고, 보훈심사를 신청하는 분들이 많이 증가하였습니다.

　또한, 보훈심사 체계도 개선되어 요건심사는 국가유공자와 보훈보상대상자로 분류되는 제도로 이원화되었고, 보훈 상이등급 신체검사의 최종 판정은 보훈병원 수검의사에서 보훈심사위원회의 최종 결정으로 변경이 되었습니다. 그만큼 투명해졌으며, 그만큼 까다로워졌습니다. 이는 보훈심사 신청자 중 약 50%만이 요건 해당(국가유공자 또는 보훈보상대상자)이 되고, 보훈신청자 중 약 20 ~ 30%가 7급 이상의 상이등급을 받으며, 나머지는 '등급 기준미달' 판정을 받는다는 것이 증명합니다.

즉, 국가유공자나 보훈보상대상자로 한 번에 요건 심사를 통과하고 한 번에 상이등급을 판정받기 위해서는 철저하게 준비를 해야 합니다. 요건 심사의 경우 상이처의 발병과 인과 관계를 증명할 수 있는 서류를 충분히 준비하고 의학적, 논리적으로 주장을 해야 되고, 상이등급 신체검사의 경우 상이처의 후유증에 대한 의학적 자료를 등급 규정에 부합되도록 준비 및 소명을 해야 됩니다.

한정된 책의 분량으로 인하여 국가보훈심사에 대한 일반 행정절차, 대표적인 보훈심사 성공 사례와 비해당 사례, 국가보훈심사에 대한 질문 및 답변 등에 대한 내용을 수록하였습니다.

젊은 나이에 남편을 여의고 홀로 자식을 키운 늙은 노모와 항상 나를 믿으며 옆을 지켜주고 같은 곳을 바라보는 사랑하는 아내, 눈에 넣어도 아프지 않은 어여쁜 딸들에게 항상 감사하고 고마움을 전하며, 독자 여러분들의 건승과 건강을 기원합니다.

2021년 12월 서울 용산 국가민원지원센터에서
'진익천'

목차

인사말   4

I. 국가유공자 개요

    1. 국가유공자란?   14
    2. 국가유공자 현황   15
    3. 국가보훈심사 현황   17

II. 국가보훈대상자 보훈심사(1단계: 요건심사)

    1. 등록신청서 접수   24
    2. & 3. 요건 확인 의뢰/통보   25
    4. 보훈심사 의뢰   26
    5. 심의 결과 통보   28

III. 국가보훈대상자 보훈심사(2단계 : 상이등급 구분 신체검사)

    1. 신규 신체검사   34
    2. 재심 신체검사   34
    3. 재확인 신체검사   34

4. 재판정 신체검사　　　　　　　　　　　　　　　　35

　　5. 행정심판 & 행정소송　　　　　　　　　　　　　35

IV. 국가보훈대상자 보훈연금 및 대상별 혜택

　　1. 대상별 보훈급여금 및 수당　　　　　　　　　　40

　　2. 독립유공자　　　　　　　　　　　　　　　　　46

　　3. 전상, 공상사상자　　　　　　　　　　　　　　48

　　4. 보훈보상대상자　　　　　　　　　　　　　　　51

　　5. 무공·보국수훈자　　　　　　　　　　　　　　53

　　6. 재일학도의용군인　　　　　　　　　　　　　　56

　　7. 4·19 혁명유공자　　　　　　　　　　　　　　58

　　8. 순직·공상공무원　　　　　　　　　　　　　　61

　　9. 5·18 민주유공자　　　　　　　　　　　　　　64

　　10. 고엽제후유증환자　　　　　　　　　　　　　66

　　11. 참전유공자　　　　　　　　　　　　　　　　70

　　12. 특수임무유공자　　　　　　　　　　　　　　72

V. 상이처 및 유형별 국가보훈대상자 요건심사 및 상이등급 판정 사례

　　1. 뇌출혈(뇌졸중): 보훈보상대상자(재해부상군경) 6급　　76

　　2. 뇌척수염(뇌염): 국가유공자(공상군경) 6급 2항 → 5급　　77

　　3. 뇌염(간질): 보훈보상대상자(재해부상군경) 5급　　78

4. 좌측 이명: 국가유공자(공상군경) 7급 79
5. 외상 후 스트레스장애(PTSD): 국가유공자 공상군경 81
6. 우측 견관절 관절와순파열: 국가유공자(공상군경) 7급 82
7. 우측 견관절 습관성 탈구: 국가유공자 공상군경 7급 84
8. 어깨 쇄골 골절: 보훈보상대상자 재해부상군경 7급 85
9. 경추간판탈출증(C5-6): 보훈보상대상자(재해부상군경) 7급 .. 86
10. 우측 2-3 수지(손가락) 파열: 보훈보상대상자(재해부상군경) 7급 ... 87
11. 좌측 팔의 요골, 척골 부상: 국가유공자(공상군경) 6급 88
12. 다발성 골절 및 파열(뇌기저골, 비골, 하악골, 골반, 안구, 요도 등)
    : 국가유공자 6급 89
13. 좌측 팔(요골)의 총상: 국가유공자 공상군경 6급 90
14. 추간판탈출증(L4-5): 보훈보상대상자(재해부상) 7급 91
15. 추간판탈출증(L4-5): 보훈보상대상자(재해부상) 7급 93
16. 추간판탈출증(L5-S1): 보훈보상대상자(재해부상) 7급 94
17. 척추전방전위증 & 척추분리증
    : 보훈보상대상자(재해부상) 해당 및 7급 판정 95
18. 척추(L1) 압박 골절: 국가유공자 공상군경 7급 97
19. 우측 대퇴부골절 등: 국가유공자 공상군경 5급 98
20. 대퇴골두 무혈성괴사: 보훈보상대상자(재해부상군경) 99
21. 우측 슬관절 전방십자인대파열: 보훈보상대상자(재해부상군경) 7급 ... 100
22. 좌측 슬관절 반월상연골 파열: 보훈보상대상자(재해부상군경) 7급 ... 101
23. 우측 무릎 인대 및 연골 파열: 보훈보상대상자 → 국가유공자 변경 ... 103
24. 우측 족관절 골절: 보훈보상대상자(재해부상군경) 6급 2항 ... 104
25. 우측 족관절 삼과 골절: 국가유공자(공상군경) 7급 106
26. 폐결핵: 보훈보상대상자(재해부상군경) 6급 2항 108

27. 결핵성 흉막염: 보훈보상대상자(재해부상군경) 6급 3항   110

28. 위십이지장궤양: 보훈보상대상자(재해부상군경) 7급   111

29. 복합부위통증증후군(CRPS): 국가유공자(공상군경) 6급   112

30. 폐암: 국가유공자(공상군경, 소방공무원), 5급   113

31. 크론병(자가면역질환): 보훈보상대상자(재해부상군경) 7급   114

32. 강직성 척추염(자가면역질환): 보훈보상대상자(재해부상군경) 7급   115

33. 화상 흉터: 재판정 신체검사 7급 → 6급   116

34. 좌측 눈의 망막박리: 보훈보상대상자(재해부상군경) 7급 1115호   117

35. '어깨견관절' 요건 비해당 행정심판 인용 사례   118

36. '추간판탈출증' 상이등급 기준미달 행정심판 인용 사례   119

37. '추간판탈출증' 요건 비해당 행정심판 인용 사례   120

38. '척추분리증/ 척추전방전위증' 요건 비해당 3회,
    행정심판 1회 기각 후 해당 사례   121

39. 행정심판 & 행정소송 패소 후 국가유공자 해당사례   123

40. 허혈성심장질환, 당뇨병: 국가유공자(전상군경) 6급 2항   124

41. 허혈성심장질환(심근경색): 국가유공자(전상군경) 6급 2항   125

42. 폐암: 국가유공자 전상군경 3급   126

43. 전립선암: 국가유공자 전상군경 6급 1항   127

44. 연조직 육종암: 국가유공자(전상군경) 6급 3항   128

45. 당뇨병: 국가유공자(전상군경) 7급 → 종합 2급   129

46. 독립유공자: 건국훈장 애족장   130

VI. 국가유공자 & 보훈보상대상자의 대표적인 요건 비해당 사유

1. 보훈심사위원회의 판단기준과 경향   134
2. 보훈심사위원회의 대표적인 비해당 사유 및 사례   136

VII. 국가유공자 행정심판

1. 행정심판   156
2. 행정소송의 제기   161
3. 행정심판 재결서(샘플 사례)   162

VIII. 국가보훈대상자에 대한 질문과 답변   172

부록

1. 국가보훈처와 관련 기관   197
2. 국가유공자 요건의 기준 및 범위〈개정 2022. 1. 13.〉   199
3. 보훈보상대상자 요건의 기준 및 범위〈개정 2021. 1. 5.〉   204

I.
국가유공자 개요

Ⅰ. 국가유공자 개요

1. 국가유공자란?

국가유공자란 국가를 위하여 공헌하였거나 희생된 사람으로서 국가유공자 등 예우 및 지원에 관한 법률(이하 '국가유공자법') 제4조에서 그 적용 대상자로 규정된 사람을 말한다.

국가유공자법 제1조(목적)는

"국가를 위하여 희생하거나 공헌한 국가유공자 그 유족 또는 가족을 합당하게 예우하고 지원함으로써 이들의 생활 안정과 복지 향상을 도모하고 국민의 애국정신을 기르는 데에 이바지함을 목적으로 한다."

라고 국가보훈제도의 목적을 밝히고 있으며,

국가유공자법 제4조는
① 순국선열, ② 애국지사, ③ 전몰군경, ④ 전상군경, ⑤ 순직군경, ⑥ 공상군경, ⑦ 무공 및 보국수훈자 ⑧ 6·25 전쟁 참전 재일학도의용군인, ⑨ 참전유공자, ⑩ 4·19 혁명 사망자(상이자, 공로자), ⑪ 순직(공상)공무원, ⑫ 국가사회발전 특별공로순직자(상이자), ⑬ 국가사회발전 특별공로상이자(공로자) 등을 국가유공자 적용 대상으로 규정하고 있다.

또한, 보훈보상대상자법 제2조는

① 재해사망군경, ② 재해부상군경, ③ 재해사망공무원, ④ 재해부상공무원 등을 보훈보상대상자 적용 대상으로 규정하고 있다.

현행 국가보훈제도에서는 국가유공자들과 가족(또는 유족), 보훈보상대상자들과 가족(또는 유족)에게 생활 안전과 복지 향상을 위하여 국가가 그 공헌과 희생의 정도에 대응하여 연금, 생활조정수당, 간호수당, 보철구수당, 사망일시금을 지급한다. 그리고 국가유공자와 그 가족(또는 유족) 등이 건전한 사회인으로서 자립할 수 있도록 학자금 지급 등의 교육보호, 취업 알선 등의 취업보호, 의료비 보조 등의 의료보호 및 양로·양육보호와 자립 및 생활안정을 위하여 농토·주택구입자금의 대부, 생활안정자금의 대부 등을 하고 있다.

2. 국가유공자 현황

2021년 8월 말 현재 대한민국의 국가보훈대상자는 약 84만 명이며, 이 총계에는 등급 미달자 및 단순 수훈자는 포함하지 않았다. 참전유공자 및 고엽제 환자와 4·19 혁명, 5·18 민주유공자 등의 노령화와 군복무 기간의 단축 등으로 인하여 국가보훈대상자는 해가 갈수록 감소하고 있으나, 유족 대상자는 증가하는 추세이다.

대상별	계	본인	유족
합계	840,574	588,435	252,139
(고엽제후유증)‡	(60,543)	(38,987)	(21,556)
[순국선열]	887	0	887
건국훈장	798	0	798
건국포장	30	0	30
대통령표창	59	0	59
[애국지사]	7,611	18	7,593
건국훈장	4,468	12	4,456
건국포장	747	1	746
대통령표창	2,396	5	2,391
[전몰·전상·순직·공상군경]	265,233	108,871	156,362
전몰군경	35,698	0	35,698
전상군경	147,197	58,427	88,770
순직군경	15,868	0	15,868
공상군경	66,470	50,443	16,027
└→(고엽제후유증)‡	(60,543)	(38,987)	(21,556)
무공수훈자	82,946	16,921	66,025
보국수훈자	43,628	38,530	5,098
재일학도의용군인	290	9	281
[4·19혁명]	864	463	401
4·19혁명사망자	33	0	33
4·19혁명부상자	349	170	179
4·19혁명공로자	482	293	189
[공무원]	14,667	3,536	11,131
순직공무원	8,674	0	8,674
공상공무원	5,993	3,536	2,457
특별공로순직자	16	0	16
6·18자유상이자	367	34	333
[지원대상자]	2,833	2,274	559
지원순직군경	181	0	181
지원공상군경	1,851	1,762	89

지원순직공무원	218	0	218
지원공상공무원	583	512	71
[보훈보상대상자]	**6,404**	**4,793**	**1,611**
재해사망군경	1,041	0	1,041
재해부상군경	4,991	4,632	359
재해사망공무원	203	0	203
재해부상공무원	169	161	8
[참전유공자]	**256,126**	**256,126**	**0**
6·25전쟁	67,016	67,016	0
월남전쟁	187,387	187,387	0
6.25및월남전쟁	1,723	1,723	0
고엽제후유의증	51,276	51,273	3
고엽제후유증2세	146	146	0
[5·18민주유공자]	**4,417**	**3,504**	**913**
5·18사망자 또는 행불자	170	0	170
5·18부상자	2,758	2,192	566
5·18희생자	1,489	1,312	177
[특수임무유공자]	**3,865**	**2,940**	**925**
특수임무사망자 또는 행불자	21	0	21
특수임무부상자	1,269	1,149	120
특수임무공로자	2,575	1,791	784
중·장기복무제대군인	**98,998**	**98,998**	**0**

3. 국가보훈심사 현황

(1) 요건심사

2021년 국가보훈대상자 요건심사 현황은 하단과 같다. 2021년 8월까지 심사 완료된 3,503명 중 약 24%는 국가유공자 요건 해당, 28%는 보훈보상대상자 요건 해당, 48%는 요건 비해당으로 의결이 되었다. 특히, 공상군경 및 재해부상군경의 경우 유공자 해당률이 11%, 보훈보상대상자 해당률이 36%, 요건 비해당률이 53%로, 신청자 중 약 절반이 서류 심사에서 비해당 처분을 받은 것으로 확인된다.

여기서, 반드시 주지해야 될 사실은 요건 해당률이 약 절반이므로 국가보훈심사 요건 심사 접수 시부터 철저하게 준비를 해야 된다는 것이다.

요건 심사	접수현황		심사완료(연간 누계)				계류
	누계	기간	계	유공자 해당	보상자 해당	비해당	
소계	4,880	559	3,503 (100%)	833 (24%)	973 (28%)	1,697 (48%)	1,377
독립유공자	40	1	37	35	-	2	3
전몰군경	198	19	153	128	2	23	45
전상군경	792	65	634	345	14	275	158
순직군경 (재해사망군경)	296	17	221	46	96	79	75
공상군경 (재해부상군경)	3,363	446	2,310 (100%)	262 (11%)	832 (36%)	1,216 (53%)	1,053
순직공무원 (재해사망공무원)	40	3	30	2	12	16	10
공상공무원 (재해부상공무원)	71	3	57	2	17	38	14
고엽제 후유(의)증	54	2	43	7	-	36	11
4·19혁명 사상자	5	-	3	1	-	2	2
5·18부상자	-	-	-	-	-	-	-
6·18상이자	-	-	-	-	-	-	-
재일학도의용군	-	-	-	-	-	-	-
무공·보국수훈자	21	3	15	5	-	10	6
특수임무	-	-	-	-	-	-	-

(2) 상이등급 구분 신체검사

2021년 국가보훈대상자의 상이등급 구분 신체검사 현황은 하단과 같다. 2021년 8월 말까지 상이등급 구분 신체검사 완료된 6,788명 중 약 52%는 1급 ~ 7급까지의 등급 판정을 받았으나, 48%는 기준미달 판정을 받았으며, 공상군경의 경우 663명 중 약 352명이 상이등급 기준미달 판정을 받았다. 특히, 주목해야 될 부분은 보훈 보상대상자로서 상이등급 신체검사 완료자 1,406명 중 단 21%만이 1급~7급 판정을 받은 것으로 확인된다.

여기서 반드시 주지해야 될 부분은 상이처의 후유증에 대한 보다 철저한 소명과 준비가 병행되어야 어려운 상이등급 판정을 통과할 수가 있다는 것이다.

상이등급 신체검사		심사 완료							기준미달
		계	1급	2급	3급	4급	5급	6급 1~3항	7급	
합 계		6,788 (100%)	12 (1%)	11 (1%)	579 (9%)	32	222 (3%)	1,812 (27%)	1,417 (21%)	2,679 (48%)
국가유공자	소 계	5,343	6	11	571	27	208	1,741	1,226	1,553
	전상군경	583		1	18	1	5	86	325	147
	공상군경	663 (100%)	4	2	15	7	21	73	189	352 (53%)
	공상공무원	6					1	1	1	3
	4·19혁명	1								1
	고엽제후유증	4,089	2	8	538	19	181	1,581	710	1,050
	지원공상군경	1							1	
	지원공상공무원, 특별공로상이자, 6.18자유상이자 : 신청자 없음									
보훈보상대상자	소 계	1,406 (100%)	3	-	8	5	14	71	191	1,114 (79%)
	재해부상군경	1,377			7	5	13	65	184	1,103
	재해공무원	29	3		1		1	6	7	11

II.

국가보훈대상자 보훈심사
(1단계: 요건심사)

Ⅱ. 국가보훈대상자 보훈심사(1단계: 요건심사)

국가유공자 보훈심사제도의 근본 취지는 '국가를 위하여 희생하거나 공헌한 자에 대하여 그 희생과 공헌의 정도에 상응하여 국가유공자와 그 유족의 영예로운 생활이 유지·보장되도록 실질적인 보상을 한다.'는 데 있다.

과거에는 보훈심사제도에 대하여 문외한이었던 분들이 최근에는 인터넷, 방송, 유튜브, 각종 서적 등을 통하여 상당한 정보를 획득하게 되었고, 그 결과 보훈심사 신청자들이 많이 증가하였다. 또한, 국가보훈처에서도 엄격한 심사와 합당한 보상을 하기 위하여 노력을 하고 있는 관계로 심사 기간도 과거에 비하여 수개월 더 소요되고 있다.

보훈심사는 1단계 요건심사와 보상심사, 2단계 상이등급 구분 신체검사로 구분할 수 있다. 요건심사는 공무관련성 여부 등을 판단하는 것을 말하고 보상심사란 법적용 대상여부를 판단하는 것을 말한다. 그리고 상이등급 구분 신체검사는 상이정도의 등급 구분과 관련된 심사를 말한다.

요건심사 대상자는 독립유공자(요건이 객관적 사실에 의거 확인되지 않는 경우)와 그 유족, 국가유공자와 그 유족(전몰전상·순직·공상군경, 6·25 참전 재일학도의용군인, 4·19 혁명사망자·부상자, 순직·공상공무원, 전투종사군무원 등 보상대상자 등), 보훈보상대상자와 그 유족(재해사망·부상군경, 재해사망·부상 공무원), 고엽제후유(의)증 환자(종합전문요양기관 진단서 기재 질병이 후유증 및 후유의증 질병의 어느 하나에 해당되는지 불분명하여 의학적 검토가 필요하다고 인정하는 경우), 특수임무수행자와 그 유족이다.

보상심사 대상은 사실상 법적용 대상 인정, 품위손상자 보상정지, 법적용배제 및 재등록, 보상금 결손처분 및 면제 등이다.

상이등급 구분 심사 대상은 요건을 인정받은 전·공상군경, 4·19 혁명부상자, 공상공무원, 국가사회발전특별공로상이자, 6·18 자유상이자와 재해부상군경 및 재해부상공무원, 그리고 고엽제후유증환자 등이다.

1. 등록신청서 접수

군인이나 경찰, 공무원 등이 전투, 직무수행 또는 교육훈련 중에 사망을 하거나 상이를 입은 경우 국가유공자 등록 신청을 할 수가 있으며, 상이처의 발병일로부터 언제까지 접수를 해야 된다는 규정은 없다.

국가유공자법 제6조 ①항에서 '국가유공자, 그 유족 또는 가족, 제73조의2에 해당하는 자가 되려는 자는 대통령령으로 정하는 바에 따라 국가보훈처장에게 등록을 신청하여야 한다.'라고 규정하고 있으며, 세부적인 절차를 대통령령으로 규정하고 있다.

군 복무나 공무원으로서 직무수행 중 상이나 질병이 발생한 사람은 국가유공자 대상이 되므로 신청 양식을 작성하고 상이가 공무상 발생한 것이라는 증빙서류 등을 첨부하여 주소지 관할 보훈청에 등록신청을 하면 된다.

보훈처에서는 등록신청할 때, 등록신청서 등 기본 양식을 작성하여 제출하면 된다고 하나, 최근 요건심사의 해당률이 50%라는 점을 감안할 때 상이처와 공무수행과의 인과관계를 소명하는 자료의 준비와 의학적, 논리적 주장이 반드시 뒷받침되어야 된다. 또한, 보훈심사에 대한 입증 책임은 신청인 본인에게 있다는 것을 반드시 기억해야 한다.

2. & 3. 요건 확인 의뢰/통보

신청자가 주소지 관할 보훈청에 등록신청을 하면 관할 지방보훈청은 신청자의 서류를 확인한 후, 각 기관(군 본부, 경찰청, 연금공단 등)에 요건의 확인을 의뢰하게 된다. 이를 의뢰받은 각 기관은 신청인의 상이나 질병 발생의 관련 사실을 확인하여 국가보훈처(등록심사과)에 통보한다. 이 과정은 통상 1~3개월 정도 걸린다고 한다. 그러나 실무적으로는 소속기관마다 보훈요건 확인 의뢰에 대한 회신 기간이 상이하여 짧게는 1개월, 길게는 1년 소요되는 경우도 있다. 이는 소속기관의 보훈심사 담당자의 의지나 관련 자료의 양에 따라 상이하다.

요건확인 기관

기관명	관련부서	주소	전화번호 및 팩스번호	비고
육군본부	예방의무과	우)32800 충남 계룡시 신도안면 계룡대로 사서함 501-4호	(042)550-1633	상이자
	육군기록정보관리단기록보존활동과	우)32800 충남 계룡시 신도안면 계룡대로 사서함 25호	(042)550-3976	병적기록관리
	보훈지원과	우)32800 충남 계룡시 신도안면 계룡대로 사서함 501-33호	(042)960-7396	사망자
해군본부	근무행정과	우)32800 충남 계룡시 신도안면 계룡대로 사서함 501-201호	(042)553-1185	상이/사망자
공군본부	근무행정과	우)32800 충남 계룡시 신도안면 계룡대로 사서함 501-303호	(042)552-1242	상이/사망자
해병대사령부	근무/행정과	우)18334 경기도 화성시 봉담읍 시청로 1311 사서함601-206-2호	(031)8012-3137	상이/사망자
경찰청	복지정책담당관실	우)03739 서울 서대문구 통일로 97	(02)3150-1079	상이/사망자
공무원연금공단	재해보상실	우)06152 서울 강남구 연주로 508	(02)560-2608	공무원 군무원
인사혁신처	재해보상심사담당관실	우)30102 세종시 한누리대로499, 세종포스트빌딩	(044)201-8108	순식/공상 공무행사망자
소방청	소방정책과	우)03128 세종시 정부공관사로 10, 119안전센터	(044)205-7429	소방공무원 의무소방원
법무부	보안과	우)13809 경기 과천시 관문로 47	(02)2100-3393	경비교도대
병무청	사회복무관리과	우)35208 대전 서구 청사로 189	(042)481-3032	사회복무요원 병역법제75조
교육부	대학학사제도과	우)30119 세종시 갈매로 408, 14동(어진동)	(044)203-6288	학생군사교육생 병역법제75조
국군제9965부대		우)14047 경기 안양시 동안구 평촌대로253번길 25, 안양우체국 사서함 2호		특수임무요원 예우법제4253조

4. 보훈심사 의뢰

요건 확인이 된 자료는 보훈심사위원회로 접수되어 심사하게 된다. 보훈심사위원회에서는 다음의 단계별로 사건을 심사하게 된다.

보훈심사위원회는 심사1~4과로 구분되며, 심사1과 1분과에서는 6·25 전공상·파월 전공상·독립유공자·사실상 배우자 등의 심사를 진행하고, 심사2과 2분과와 5분과는 정형외과, 기타 질병, 순직군경 등에 심사를 진행한다. 심사3과의 3분과는 신경외과, 5분과는 내과·정신질환·고엽제·상이사망 심사를 진행하고, 심사4과 6분과는 상이등급 구분 신체검사를 주로 진행한다.

단계	심사 주안점
심사자료 접수	• 신체검사 의사소견서, 의무기록 등 심사자료 확인 (상이판정시스템)
검토보고서 작성 (주무관)	• 신체검사 관련 자료 누락 및 착오기재 사항 확인 • 인정상이처와 신검 상이처의 일치 여부 확인 • 상이등급, 호수 및 분류번호 적정여부 검토 • 의학자문 및 추가서류 보완 필요시 자료 요구 등
검토보고서 확인 및 보완 (사무관, 과장)	• 주무관 검토 안건에 대한 종합 검토 • 제안주문, 인정상이처 및 상이등급, 제안이유 등에 관한 기초 의견 기재
제안서 작성 (주심위원)	• 인정상이처와 신검 상이처의 일치여부 판단 • 상이등급, 호수 및 분류번호의 적정여부 판단 • 상이처의 직권재판정 대상 여부와 적용기간 적정성 판단
분과회의, 본회의 상정 (회의 담당자)	• 상이등급 구분 심사 의안 상정(등급, 분류번호, 종합판정 등) • 중요안건(쟁점안건, 보류안건) 의안상정
분과회의, 본회의 (심사회의)	• 온라인 회의관리시스템을 활용한 전자회의 시행 - 회의자료, 신체검사 의사소견서 및 영상자료 등 검토
회의결과 입력 및 심의의결서 작성 (주무관 등)	• 상이판정시스템 심사결과 전산입력(회의담당자) • 심의의결서 작성(주무관)
심사결과 통보	• 상이판정시스템과 e-보훈시스템 연계(해당 보훈관서)

5. 심의 결과 통보

보훈심사위원회에서 심사한 결과는 각 보훈지청으로 하달되어 관할 보훈지청에서 신청인들에게 전달된다. 보훈심사위원회의 심의의결서를 근거로, 관할 보훈지청에서는 신청인에게 국가유공자 요건 해당 여부, 보훈보상대상자(재해부상군경) 요건 해당 여부, 국가유공자 및 보훈보상대상자 비해당 여부에 대한 결정통지를 하게 된다.

해당 통보를 받은 경우에는 상이등급 구분 신체검사를 준비해야 되고, 비해당 통보를 받은 경우에는 이의신청, 재등록, 행정심판, 행정소송 등의 불복 절차를 진행할 수가 있다.

(1) 이의신청/재등록

요건 비해당 결과통보를 받은 날로부터 30일 이내에 이의신청을 신청할 수 있다. 만약, 30일이라는 기간이 경과하게 되면 이의신청은 불가능하지만 근거자료 등을 보완하여 재등록신청이 가능하며, 재등록신청의 경우 이의신청과는 달리 특별한 기간 제한은 없다. 이의신청이나 재등록을 할 경우에는 기존 심의자료와는 다른 추가 자료를 첨부하여 제출하도록 하고 있다.

이의신청에서 인용이 될 경우에는 최초 접수일자부터 연금 등이 소급이 되지만, 재등록에서 해당이 될 경우에는 재등록 접수일자부터 연금 등이 소급된다.

(2) 행정심판

요건 비해당 처분 국가보훈처의 행정처분이므로 이에 불복하여 행정심판을 청구할 수 있다. 요건 비해당 결과를 통보받은 날로부터 90일 이내에 행정심판을 청구해야 하며, 행정심판의 접수는 관할 보훈청이나 중앙행정심판위원회에 모두 가능하다.

(3) 행정소송

행정심판에서도 상이의 공무 관련성을 인정받지 못할 경우, 이에 대해 행정소송을 제기할 수 있다. 심판의 결과는 공상 인정이 되지 않았을 경우 주문에 '기각'이라고 표시되며(상이의 공상 인정을 할 경우에는 '인용'이라고 표시된다). 기각결정을 통보받은 날로부터 90일 이내에 행정소송을 제기할 수 있다. 요건 비해당 판정을 받은 후 행정심판을 거치지 않고 바로 행정소송을 제기하는 것도 가능하다.

III.
국가보훈대상자 보훈심사
(2단계: 상이등급 구분 신체검사)

Ⅲ. 국가보훈대상자 보훈심사(2단계 : 상이등급 구분 신체검사)

국가보훈처 지방보훈(지)청으로부터 요건 해당을 받은 자는 해당 통보 이후에 고지가 되는 상이등급 구분 신체검사를 받아야 한다. 신체검사는 관할 병원에서 실시하며, 보훈병원 담당 의사는 신체검사 후 규정에 따라 '1~7급' 또는 '기준미달' 판정을 하게 되고, 보훈심사위원회에서는 보훈병원 신체검사 수검의의 의견을 토대로, 재심의하여 신체등급을 최종 결정하게 된다. 즉, 각 보훈병원 수검의사의 1차 의견 후 최종 신체등급 결정은 보훈심사위원회의 고유 권한이다.

국가유공자법에 규정된 상이등급은 그 상이 정도에 따라 1급, 2급, 3급, 4급, 5급, 6급, 7급으로 구분되어 판정된다. 보훈 상이등급은 보훈병원의 장이 위촉한 해당 분야 전문의 등 의사가 신체검사를 실시하고 보훈심사위원회에서 심의 의결을 거쳐 판정을 하는데, 이 제도는 2012년 7월부터 신설 시행되었다.

여기서 주목해야 될 사항은 2021년 8월 말까지의 상이등급 구분 신체검사 통계이다. 국가유공자(공상군경) 1~7급의 판정을 받은 비율이 약 47%, 보훈보상대상자(재해부상군경) 1~7급의 판정을 받은 비율이 약 21%로 조사되었다.

즉, 공상군경 신청자 중 53%, 재해부상군경 신청자 중 79%가 상이등급 기준미달 판정을 받았다. 따라서 상이처에 대한 후유증을 상이등급 규정에 맞게 철저하게 소명을 해야 가능성을 높일 수가 있다는 것이다.

[보훈심사 : 2단계 상이등급 구분 신체검사]

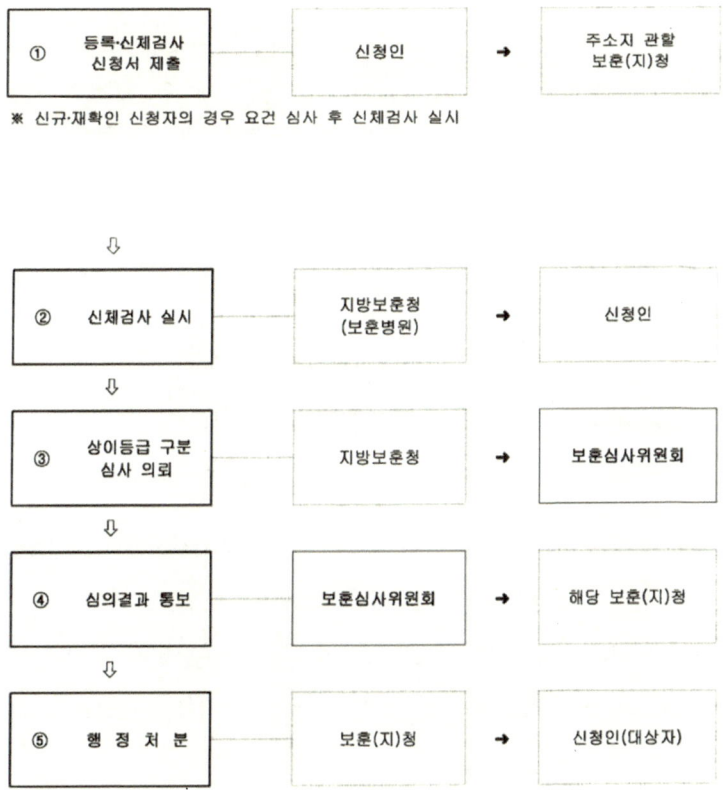

1. 신규 신체검사

최초 등록신청서를 제출한 대상자가 신청한 상이처에 대하여 보훈심사위원회에서 요건 심의를 인정받아 실시하는 신체검사이다.

2. 재심 신체검사

신규 신체검사 판정에 이의가 있는 대상자가 신규 신체검사를 판정을 받은 날로부터 60일 이내에 신체검사 신청서를 제출, 실시하는 신체검사이다.

3. 재확인 신체검사

신규 신체검사나 재심 신체검사 또는 재확인 신체검사에서 상이등급 판정을 받지 못한 대상자가 신체검사 판정을 받은 날로부터 2년이 지나거나 상이처의 재발 또는 악화로 상이 등급 판정을 받을 수 있는 상당한 이유가 있는 경우에 등록 신청서를 제출, 실시하는 신체검사이다.

4. 재판정 신체검사

상이등급 판정을 받은 대상자 최종 신체검사 등급 판정을 받은 날로부터 2년이 지나거나 상이처의 재발 또는 악화로 상이등급의 변동이 있을 수 있는 상당한 이유가 있는 경우, 재판정 신체검사 신청서를 제출, 실시하는 신체검사이다.

여기서 주의할 것은 재판정 신체검사에서 기존의 상이등급이 하락할 수가 있으므로 조심해야 된다.

※ 직권재판정 신체검사: 상이의 특성상 일정한 기간이 지난 후 상이등급을 재판정할 필요가 있다고 인정되는 상이처(질병)에 대하여는 의무적으로 검사를 실시해야 된다. 대상 상이처(질병)는 뇌경색과 뇌출혈(3년), 뇌막염(3년), 결핵성 척추염(3년), 교감신경이양증/복합부위통증증후군(3년), 만성심부전(3년), 평행기능장애(2년), 안면신경마비(2년), 각막혼탁(2년), 유리체 및 망막 질환(2년), 무수정체안(2년)

5. 행정심판 & 행정소송

상이등급 구분 신체검사 판정은 국가보훈처의 처분이므로 등급 기준

미달이라는 판정이 나오거나 상이등급(1~7급) 판정에 이의가 있는 경우 행정심판을 청구할 수 있다.

통보를 받은 날로부터 90일 이내에 행정심판을 청구해야 하며, 행정심판에서도 등급 인정이 되지 않을 경우에는 행정소송을 진행할 수 있다. 행정심판을 거치치 않고 곧바로 행정소송을 진행하는 것도 가능하다. 행정소송을 제기할 경우 역시 결과 통보를 받은 날로부터 90일 이내에 청구해야 한다.

또한, 행정심판이나 행정소송에서 기각 또는 패소를 하였다고 하여, 요건 해당된 상이처에 대한 자격이 박탈되는 것이 아니고, 의료지원을 계속 받다가 상이처의 악화 또는 2년의 기관 경과, 수술적 치료 등의 변수가 발생하였을 경우에 다시 신체검사를 진행하여 상이등급을 받는 절차를 진행할 수가 있다.

IV.
국가보훈대상자 보훈연금 및 대상별 혜택

Ⅳ. 국가보훈대상자 보훈연금 및 대상별 혜택

국가보훈대상자에게 부여되는 혜택은 보훈급여금, 교육지원, 취업지원, 의료지원, 대부, 기타 지원 등으로 나누어 볼 수 있다. 이 중 보훈급여금은 다시 보상금과 수당, 사망일시금으로 나눌 수 있으며, 보상과 예우는 대상별, 공헌과 희생의 정도, 개별 여건에 따라 달리 적용된다.

1. 대상별 보훈급여금 및 수당

2021년 현재 국가보훈대상자별 보훈급여금과 수당 등은 하단과 같으며, 물가상승률 및 보훈 정책에 따라 보훈급여금은 매년 인상되고 있다.

□ 독립유공자

(단위 : 천원)

대상별				보상금	특별예우금 (순애기금)	합계
본인	건국훈장	1~3등급		6,489	2,325	8,814
		4등급		3,455	1,920	5,375
		5등급		2,732	1,725	4,457
	건국포장			1,957	1,575	3,532
	대통령표창			1,286	1,575	2,861
유족	건국훈장	1~3등급	배우자	2,875		2,875
			기타유족	2,489		2,489
		4등급	배우자	2,118		2,118
			기타유족	2,074		2,074
		5등급	배우자	1,724		1,724
			기타유족	1,684		1,684
	건국포장		배우자	1,211		1,211
			기타유족	1,202		1,202
	대통령표창		배우자	819		819
			기타유족	803		803
생활조정수당(*생활수준 고려, 신청시)				가족 3인이하 : 220~283, 4인이상 : 273~336		

□ 국가유공자 및 유족(기존 등록자)

○ 상이군경 등

(단위 : 천원)

상이등급별			보상금	수당		합계
				고령·무의탁	중상이부가	
상이군경	1급1항	고 령	3,323	97	2,492	5,912
		일 반	3,323	-	2,492	5,815
	1급2항	고 령	3,134	97	1,724	4,955
		일 반	3,134	-	1,724	4,858
	1급3항	고 령	3,000	97	1,050	4,147
		일 반	3,000	-	1,050	4,050
	2급	고 령	2,667	97		2,764
		일 반	2,667	-		2,667
	3급	고 령	2,493	97		2,590
		일 반	2,493	-		2,493
	4급	고 령	2,092	97		2,189
		일 반	2,092	-		2,092
	5급	무의탁	1,733	274		2,007
		고 령	1,733	97		1,830
		일 반	1,733	-		1,733
	6급1항	무의탁	1,581	274		1,855
		고 령	1,581	97		1,678
		일 반	1,581	-		1,581
	6급2항	무의탁	1,455	274		1,729
		고 령	1,455	97		1,552
		일 반	1,455	-		1,455
	7급	무의탁	521	274		795
		고 령	521	97		618
		일 반	521	-		521
• 간 호 수 당			· 1급1항 2,763, 1급2항 2,659, 1급3항 2,556, 2급 883			
• 전 상 수 당			· 90			
재일학도 의용군인		무의탁	1,455	274		1,729
		고 령	1,455	97		1,552
		일 반	1,455	-		1,455
4·19혁명공로자			· 361			
생활조정수당(*생활수준 고려, 신청시)			· 가족 3인이하 : 220~283, 4인이상 : 273~336			

○ 군경유족 등

(단위 : 천원)

대 상 별				보상금	수당	합계
유족	배우자	전몰·순직	무 의 탁	1,751	274	2,025
			무의탁부모부양	1,751	149	1,900
			고 령	1,751	149	1,900
			일 반	1,751	-	1,751
		상이1급~5급, 6급상이사망	무 의 탁	1,518	274	1,792
			무의탁부모부양	1,518	149	1,667
			고 령	1,518	149	1,667
			일 반	1,518	-	1,518
		6급비상이, 7급상이사망	무 의 탁	557	274	831
			무의탁부모부양	557	149	706
			고 령	557	149	706
			일 반	557	-	557
		● 미성년자녀 양육수당		·1인 양육 50 / 2인 양육 185 (추가 1인당 185 가산)		
	부모	전몰·순직	무 의 탁	1,720	274	1,994
			독 자 사 망	1,720	274	1,994
			고 령	1,720	97	1,817
			일 반	1,720	-	1,720
		상이1급~5급, 6급상이사망	무 의 탁	1,493	274	1,767
			고 령	1,493	97	1,590
			일 반	1,493	-	1,493
		6급비상이, 7급상이사망	무 의 탁	528	274	802
			고 령	528	97	625
			일 반	528	-	528
		● 2명이상 사망수당		2인 사망 : 274 (1인 추가 시 274 가산)		
	자녀 (25세 미만)	전 몰 · 순 직		2,030	-	2,030
		상이 1급~5급 · 6급상이사망		1,762	-	1,762
		6급비상이 · 7급상이사망		804	-	804
		● 미성년제매 양육수당		·1인 양육 100/ 2인 양육 370 (추가 1인당 370 가산)		
생활조정수당(*생활수준 고려, 신청시)				·가족 3인이하 : 220~283, 4인이상 : 273~336		
6·25 자 녀 수 당				·제적자녀 : 1,456(위로가산금 80추가), 승계자녀 : 1,239, ·산가승계자녀 : 364(생계곤란한 경우 114천원 추가 지원)		

□ 무공영예수당 및 참전명예수당

(단위 : 천원)

무공영예수당	·인헌 410, 화랑 415, 충무 420, 을지 425, 태극 430
참전명예수당	·350

□ 고엽제후유의증수당 및 고엽제후유증2세환자수당

(단위 : 천원)

대 상 별	고도장애	중등도장애	경도장애
후 유 의 증 수 당	1,061	782	513
후유증2세환자수당	1,889	1,468	1,179

□ 국가유공자 및 유족(2012. 7. 1.이후 등록자)

(단위 : 천원)

대상별			보상금	중상이부가수당	합계
상이자		1급 1항	3,323	2,492	5,815
		1급 2항	3,134	1,724	4,858
		1급 3항	3,000	1,050	4,050
		2 급	2,667		2,667
		3 급	2,493		2,493
		4 급	2,092		2,092
		5 급	1,733		1,733
		6급 1항	1,581		1,581
		6급 2항	1,455		1,455
		6급 3항	977		977
		7 급	521		521
	·간 호 수 당		·상시 2,763/ 수시 1,843		
	·전 상 수 당		·90		
	·부양가족수당		·배우자 100 / 자녀 100		
	·고 령 수 당(60세이상)		·부양가족수당 비해당시 97		
유족	배우자	전몰·순직	1,751		1,751
		상이 1~5급	1,518		1,518
		상이 6급	557		557
	부모	전몰·순직	1,720		1,720
		상이 1~5급	1,493		1,493
		상이 6급	528		528
	자녀 (25세 미만)	전몰·순직	2,030		2,030
		상이 1~5급	1,762		1,762
		상이 6급	804		804
	·부양가족수당		·자녀 100/ 제매 200		
	·2명이상 사망수당		·274		
	·고 령 수 당(60세이상)		·부양가족수당 비해당시 배우자 149 / 부모 97		
생활조정수당(생활수준 고려, 신청시)			·가족 3인이하 : 220~283, 4인이상 : 273~336		

□ 보훈보상대상자

(단위 : 천원)

대 상 별		보상금	중상이부가수당	합계
상이자	1급 1항	2,327	1,745	4,072
	1급 2항	2,194	1,207	3,401
	1급 3항	2,100	735	2,835
	2 급	1,867		1,867
	3 급	1,746		1,746
	4 급	1,465		1,465
	5 급	1,214		1,214
	6급 1항	1,107		1,107
	6급 2항	1,019		1,019
	6급 3항	684		684
	7 급	365		365
	▸ 간 호 수 당	· 상시 2,763, 수시 1,843		
	▸ 부양가족수당(6급이상)	· 배우자 100 /자녀 100		
	▸ 고 령 수 당(60세이상)	· 부양가족수당 비해당시 97		
유족	배우자	사망	1,226		1,226
		1~5급 유족	1,063		1,063
		6급 유족	390		390
	부모	사망	1,204		1,204
		1~5급 유족	1,046		1,046
		6급 유족	370		370
	자녀 (25세 미만)	사망	1,421		1,421
		1~5급 유족	1,234		1,234
		6급 유족	563		563
	▸ 부양가족수당	· 자녀 100/제매 200		
	▸ 고 령 수 당(60세이상)	· 부양가족수당 비해당시 배우자 149 / 부모 97		
	생활 조정 수당(*생활수준 고려, 신청시)	· 가족 3인이하 : 220~283, 4인이상 : 273~336		

2. 독립유공자

독립유공자의 적용 대상은 순국선열과 애국지사이며, 유가족의 적용 범위는 배우자(1순위), 자녀(2순위), 손자녀(3순위), 며느리(4순위) 순이다. 독립유공자 공적심사의 결과에 따라 건국훈장(독립장, 애국장, 애족장), 건국포장, 대통령 표창 등을 수여받고, 그 이후에 신청서를 접수한다.

○ 애국지사 본인

구분	세부 수혜내용
보훈 급여금 지급	○ 보상금 ○ 생활조정수당 : 생계곤란자에 한함 ○ 사망일시금 및 사망조위금 ○ 독립유공자 국내정착금(양주귀국사에 한함)
교육 지원	○ 수업료 등 면제 : 본인, 배우자, 자녀, 손자녀(중·고·대학교) ○ 학습보조비 지급 : 본인, 배우자(중·고·대학교), 자녀, 손자녀(중·고등학교)
취업 지원	○ 보훈특별고용 : 본인, 배우자, 35세 이하인 자녀·손자녀 3인까지 ○ 가점취업, 직업훈련 : 본인, 배우자, 자녀, 손자녀
의료 지원	○ 보훈병원 및 위탁병원 진료 : 국비 ○ 본인 응급진료 : 입원한 날부터 14일 이내 보훈관서 신고 ※ 14일경과 3년 이내 신고시 치유 입원한날부터 14일의 진료비만 지원 ○ 동부신청 시부터 결정 이전 : 보훈병원에서 진료진료비 선 납부 후 정산 (필요시 외부 전문진료에 의뢰)
대부 지원	○ 대상 : 본인, 선순위유족, 생활지원금 수령 자녀 ○ 주택(구입, 임차,개량), 아파트 분양, 사업, 농토구입, 생활안정대부 - 대부한도액은 300~6,000만원까지 (연 2~3%)
주택 우선공급	○ 신규건설·공급주택 우선 공급 : 분양 5%, 임대 10%(공급물량기준) ○ 기존주택 세입 ·전세임대주택 : 2%(공급물량기준)
기타 지원	○ 양로지원 : 무의탁자(남자 65세, 여자 60세 이상) ※ 배우자 동시 입소 가능(남자 60세, 여자 55세 이상) ○ 양육지원 : 비성년자녀 및 미성년 손자녀 중 부양의무자가 없는 자 ○ 보훈요양원 및 민간요양시설 이용 : 생활수준 관계없이 지원 ※ 애국지사 본인은 본인일부부담금의 80%, 배우자 이외 기타 보훈요양시설 이용시에만 50% 지원 ○ 보훈재가복지서비스 지원(지원요건 해당자) ○ 수송시설 감면이용 ○ 생업지원(공공시설내 매점·자판기 우선지원) ○ 고궁 등 무료이용(보조원1명포함), 철약관도 감면이용(소노·연화·잉실·성품·주문곤·라품) ○ 국립묘지 안장(단, 결격사유가 있는 경우 별도 심의) ※ 배우자 합장 가능 ○ 양구용 태극기, 대통령명의 조화, 생계곤란 국가유공자 장례서비스 지원(독립유공자 본인, 지원요건 해당자), 묘지난장, 국립묘지 이장비(50만원), 독립유공자 국내 산재묘소 유지관리비 지원(1기당 연간 20만원) ○ 사망시 빈소에서 장지까지 경찰에스코트 지원
타법에 의한 지원	○ TV수신료 면제 ○ 전화요금 감면 ○ 개인택시 면허발급 우선순위 ○ 전기요금감면 : 월16원된 한도감면 ※여름철(6,7,8월)-월 20원원 한도 감면 ○ 부료진료증 발급 : 본인 및 배우자 ○ 의료급여증 발급 : 소득인정액 기준 해당 시 ○ 국내항공 요금 50% 할인(동반1인호자 1인 포함, 항공사별 할인요을 다를 수 있음) ○ 도시가스 요금 할인(취사용, 개별난방용) ○ 비과세종합저축 5천만원까지 이자(배당)소득에 대한 소득세 면제 ※ '20.12.31에서 가입하는 경우 '20.1.1.이후 가입이 직전 3개연도 내 1회 이상 금융소득 종합과세 대상자 제외) / 단, 5천만원에서 세금우대적축에 가입한 총액을 제한 금액 ○ 주민등록·가족관계증명·인감증명 등 제증명 수수료 면세 ○ LPG차량 세금인상분 지원, 도시철도 채권매입 면제, 유료도로 통행료 면제, 자동차검사 수수료 할인(보철용차량으로 등록된 비사업용 차량)
특별 예우	○ 특별예우금 지급 : 생존애국지사(월 1,575~2,325천원) ○ 사망조위금 지급 및 조화 증정 : 애국지사 (300~1,000원원)

○ 순국선열·애국지사 유족

구분	세부수혜내용
보훈 급여금 지급	○ 보상금 및 수당 ※ 보상금지급 순위 - 배우자, 자녀, 손자녀, 며느리 순 • 손자녀 - 1945년 8월 14일 이전에 사망한 독립유공자의 선순위 손자녀 1인 - 1945년 8월 15일 이후에 사망한 독립유공자의 유족으로 최초로 등록할 당시 자녀까지 모두 사망한 경우 손자녀 1인 • 며느리 : 1945년 8월 14일 이전에 입적된 자 ○ 생활조정수당 : 생계곤란자에 한함 ○ 연금수권자 사망시 사망일시금 ※ 사망일시금은 연금을 받을 수 있는 다른 유족이 없는 경우에 한함 ○ 독립유공자 유족 국내정착금(영주귀국자, 가족에 따라 차등지급)
교육 지원	○ 수업료 등 면제 : 배우자, 자녀, 손자녀(중·고·대학교) ○ 학습보조비 지급 : 배우자(중·고·대학교), 자녀, 손자녀(중·고등학교)
취업 지원	○ 보훈특별고용 : 본인, 배우자, 35세 이하인 자녀·손자녀 3인까지 ○ 가점취업, 직업훈련 : 배우자, 자녀, 손자녀 ※ 독립유공자의 유족 중 장손인 손자녀가 질병 또는 장애나 고령 등으로 취업이 어려운 경우, 그 자녀 중 1인
의료 지원	○ 보훈병원 진료 : 유·가족(60% 감면) ○ 위탁병원 진료('12. 7. 1.시행) : 75세 이상, 건강보험 가입자 중 보상금을 수령하는 선순위 유족 1인(요양급여진료비 본인부담금 60% 감면, 약국약재비와 요양비급여진료비 제외)
대부 지원	○ 대상 : 선순위유족, 생활지원금 수령 자녀 ○ 주택(구입, 임차, 개량), 아파트 분양, 사업, 농토구입, 생활안정대부 - 대부한도액 은 300~6,000만원까지(연 2~3%)
주택 우선공급	○ 신규건설·공급주택 우선공급 : 분양 5%, 임대 10%(공급물량기준) ○ 기존주택 매입·전세임대주택 : 2%(공급물량기준)
기타 지원	○ 양로지원 : 무의탁자(남자 65세, 여자 60세 이상) *보상금 수급자에 한함 ※ 배우자 동시 입소 가능(남자 60세, 여자 55세 이상) ○ 양육지원 : 미성년자녀 및 미성년 손자녀 중 부양의무자가 없는 자 ○ 보훈요양원 및 민간요양시설 이용 : 생활수준 고려(본인일부부담금의 60% 또는 40% 지원) ※ 자녀를 제외한 선순위 유족은 해당, 배우자의 경우 생활수준에 관계없이 지원 ○ 보훈재가복지서비스 지원(지원요건 해당자) ○ 고궁 등 무료이용/협약콘도 감면이용(소노·한화·일성·청풍·주문진·리솜) ○ 유공자의 배우자는 국립묘지 합장 가능 ○ 생업지원(공공시설내 매점·자판기 우선지원)
타법에 의한 지원	○ TV수신료 면제 ○ 전화요금 감면 ○ 주민등록·가족관계증명·인감증명 등 제증명 수수료 면제 ○ 개인택시 면허발급 우선순위 ○ 전기요금감면(선순위유족) : 월 16천원 한도감면 · 여름철(6,7,8월) 월 20천원 한도감면 ○ 무료진료증 발급 : 선순위유족 및 배우자(대전, 충남·북, 세종 등은 수권유족만 해당) ○ 의료급여증 발급 : 소득인정액 기준 혜택자 ○ 국내항공 요금 30% 할인(선순위유족, 항공사별 할인율 다를 수 있음) ○ 도시가스 요금 할인(선순위유족) ○ 비과세종합저축 5천만원까지 이자(배당)소득에 대한 소득세 면제 '20.12.31 까지 가입하는 경우('20.1.1.이후 가입시 직전 3개년도 내 1회 이상 금융소득 종합과세 대상자 제외) / 단, 5천만원에서 세금우대저축에 가입한 운용을 제한 금액
특별 예우	○ 제수비 지급 : 순국선열·애국지사유족(연 300천원) ※ 기일이 속한 달의 1일 ○ 사망조위금 지급 : 애국지사 유족(200~300천원) ○ 가계지원비 : 광복이후 사망한 독립유공자의 선순위자녀의 자녀 1인(월 400천원, '05.1.1 이후 보훈보상금을 받은 사실이 없는 경우)
생활 지원금	○ 보상금을 받지 않는 독립유공자의 (손)자녀 중 생활이 어려운 분들에게 생활수준 조사 후 생활지원금 지급 - 기초생활수급자(생계급여, 의료급여, 생활조정수당 지급자) : 468천원 - 기준 중위소득의 70%이하자, 기초연금수급자(단독 또는 부부세대) : 335천원

3. 전상, 공상사상자

전상군경 및 공상군경의 적용대상은 군인 및 경찰·소방공무원, 전투종사 군무원, 의무경찰대원, 교정시설 경비교도대원, 예비군대원, 민방위대원, 의무소방대원, 보안 유공자, 비상대비 훈련참가자, 학생군사교육생, 사회복무요원, 국가정보원, 대통령 경호처직원, 위험직무순직공무원, 공무수행 사망자 등이다. 유가족의 적용 범위는 배우자(1순위), 자녀(2순위), 부모(3순위), 성년인 직계비속이 없는 조부모(4순위), 60세 미만의 직계존속과 성년인 형제자매가 없는 미성년 제매(5순위) 순이다.

○ 전·공상군경 본인

구분	세부수혜내용
보훈 급여금 지급	○ 보상금 및 수당 ○ 생활조정수당 : 생계곤란자에 한함 ○ 간호수당 : 상이 2급 이상으로 별도 보훈처장이 고시한 기준해당자 ○ 의무경찰·교정시설경비교도·의무소방원 상이등여금 ○ 사망일시금
교육 지원	○ 수업료 등 면제 : 본인·자녀(중·고·대학교) ○ 학습보조비 지급 : 본인(중·고·대학교), 자녀(중·고등학교) ※ 2012.7.1이후 등록한 전·공상군경(1~7급)의 자녀는 만30세 이전 교육기관에 취학(입학· 재입학·편입학·전입학)한 경우에만 교육지원 함, 7급상이자 자녀는 소득인정액이 저장 고시 기준금액의 125% 이하인 경우에만 지원
취업 지원	○ 보훈특별고용 : 본인, 배우자, 부모 및 35세 이하인 자녀 3인까지 ※ 2012.7.1이후 등록자 : 자녀 1인에 한하며, 취업알선도 1인 3회로 제한(가점 취업은 제한 없음) ○ 가산취업, 직업훈련 : 본인, 배우자, 부모, 자녀 ※ 2012.7.1이후 등록자 : 부모 및 상이 7급 자녀는 취업지원 비대상
의료 지원	○ 보훈병원 및 위탁병원 진료 : 본인(국비) ※ 2012.7.1이후 등록신청 7급이자 상이치의 질환 10% 본인부담 ○ 보철구 지급 ○ 응급진료비 : 입원한 날부터 14일 이내 보훈관서 신고 * 14일경과 3년 이내 신고시 처음 입원한날부터 14일의 진료비만 지원 ○ 등록신청 시부터 결정 이전 : 보훈병원에서 진료·진료비 선 납부 후 정산 ○ 신체검사 등급기준 미달 판정을 받은 경상이자는 인정상이서에 대해 보훈병원 및 위탁병원 국비진료
대부 지원	○ 주택(구입,임차,개량), 아파트 분양, 사업, 농토구입, 생활안정대부 - 대부한도액은 300~6,000만원까지(연 2~3%)
주택 우선공급	○ 신규건설·공급주택 우선공급 : 분양 5%, 임대 10%(공급물량기준) ○ 기존주택 매입·전세입대주택 : 2%(공급물량기준)
기타 지원	○ 양로지원 : 무의탁자(남자 60세, 여자 55세 이상) ※ 배우자 동시 입소 가능(남자 60세, 여자 55세 이상) ○ 양육지원 : 미성년자녀 및 미성년제 중 부양의무자가 없는 자 ○ 보훈요양원 및 민간요양시설 이용 : 생활수준 고려(본인일부부담금의 80% 지원) ※ 단, 상이 1급에 해당하는 사람은 생활수준에 관계없이 지원(80%), 배우자는 보훈요양원 시 생활수준 고려하여 60% 또는 40% 지원 ○ 보훈재가복지서비스 지원(지원요건 해당시) ○ 수송시설 감면이용/협약업소 감면이용(소노·한화·일성·청풍·주문진·리솜) ○ 고궁 등 무료이용(1~3급 상이자는 경유원 1명 포함) ○ 국립묘지 안장대상, 결격사유가 있는 경우에는 별도 심의) ※ 배우자는 합장 가능 ○ 영구용 태극기, 대통령명의 근조기 증정, 묘비제작비 지원 ○ 생계곤란 국가유공자 장례서비스 지원(본인, 지원요건 해당자) ○ 생업지원(공공시설내 매점·자판기 우선지원)
타법에 의한 지원	○ TV수신료 면제 ○ 전화요금(이동전화 포함) 감면 ○ 개인택시 면허발급 우선순위 ○ 주민등록·가족관계증명·인감증명 등 제증명 수수료 면제 ○ 의료급여증 발급 : 소득인정액 기준 해당시 ○ LPG차량 세금인상분 지원, 공영주차장 주차요 감면 ○ 자동차 관련 세금 면제, 유료도로 통행료 감면 / 환경개선부담금 감면(보훈용 경유자동차 1대) ○ 자동차검사 수수료 할인(보훈용차량으로 등록된 비사업용 차량) ○ 국내항공 요금 50% 할인(상이등급 1~4급은 동반보호자 1인 포함) ※ 항공사별 할인요율 다를 수 있음 ○ 병역혜택(상이 6급 이상인 전상군경, 공상군경의 자녀, 형제·자매중 1인) ○ 가정용 전기요금 월16천원 한도 할인(상이등급 1~3급) •여름월(6.1~8.31) 월 20천원 한도 할인 ○ 도시가스 요금 할인(취사용, 개별난방용, 상이등급 1~3급) ○ 비과세종합저축 5천만원까지 이자(배당)소득에 대한 소득세 면제 ※ '20.12.31까지 가입하는 경우('20.1.1.이후 직전 3개년도 내 1회 이상 금융소득 종합과세 대상자 제외) / 단, 5천만원에서 세금우대저축에 가입한 총예수 제한 금액 ○ 연말정산 장애인 추가 공제 ○ 담배소매인지정 우선 지원

○ 전몰·순직(전·공상)군경 유족

구분	세부수혜내용
보훈 급여금 지급	○ 보상금 ※ 보상금지급 순위 - 배우자, 자녀(미성년자녀로 한하되, 미성년당시부터 생활능력이 없는 정도의 심신장애 성년 자녀 포함), 부모, 성년남자인 직계비속이 없는 조부모, 60세미만인 남자 및 55세미만의 여자인 직계존속및 성년남자인 형이 없는 미성년제매 순으로 지급 - 2012.7.1.이전 등록된 6~7급 상이자는 상이원인사망 심사결과에 따라 금액 및 지급여부가 달라질 수 있음 - 2012.7.1.이후 신법 해당자(신규 및 재판정 받은 자)는 상이등급 6급 이상 상이자의 유족 에게만 보상금 지급 (상이원인사망과는 관계없음) ○ 6·25전몰군경자녀는 연령에 관계없이 6·25전몰군경자녀 수당 지급 '54.10.25.이전 또는 서남지구 전투경찰더 소속으로('54.10.25.~'55.6.30.) 전사·순직한 전몰· 순직군경 자녀 중 1인에 한정 지급 ○ 생활조정수당 : 생계곤란자에 한함 ○ 군인사망보상금(군인 및 의무경찰·교정시설경비교도·의무소방원 사망급여금) ○ 사망일시금 (보상금을 받을 수 있는 다른 유족이 없는 경우에 한함)
교육 지원	○ 수업료 등 면제 : 배우자(전몰·순직군경) / 자녀(중·고·대학교) ○ 학습보조비 지급 : 전몰·순직 국가유공자의 배우자(중·고·대학교), 자녀(중·고등학교) ※ 2012.7.1.이후 등록된 자녀는 만30세 이전 교육기관에 취학(입학·재입학·편입학·전입학)한 경우에만 교육지원
취업 지원	○ 보훈특별고용 : 부모, 배우자 및 35세 이하인 자녀 3인까지 - 2012.7.1이후 등록자 : 자녀 1인에 한하며, 취업알선도 1인 3회로 제한(가점 취업은 제한 없음) ※ 단, 6·25전몰군경자녀는 55세까지(부모 또는 조부모가 1993. 1. 1.이후 유족연금을 받은 사실이 없는 자에 한함) ○ 가점취업 및 직업훈련 : 부모, 배우자, 자녀 ※ 2012.7.1이후 등록자 : 부모 및 상이 7급 자녀는 취업지원 비대상
의료 지원	○ 보훈병원 진료 : 유·가족(60% 감면) ※ 2012년 7월 1일 이후 등록신청하는 유가족은 배우자 또는 선순위자 1명으로 제한 (다만 선순위자가 부·모 모인 때에는 부,모 모두 포함) ○ 위탁병원 진료 : 75세이상의 건강보험가입자 중 ① 국가유공자법에 따라 보상금을 받는 선순유족 1명 ② 6.25전몰군경자녀수당을 받는 자는 요양급여 진료비 본인부담액 60%감면 (약국약제비와 비급여 진료비 제외)
대부 지원	○ 대상 : 선순위 유족, 보상금 수령 부모 ○ 주택(구입,임차,개량), 아파트 분양, 사업, 농토구입, 생활안정대부 - 대부한도액 300~6,000만원까지 (연 2~3%)
주택 우선공급	○ 신규건설·공급주택 우선공급 : 분양 5%, 임대 10%(공급물량기준) ○ 기존주택 매입·전세임대주택 : 2%(공급물량기준)
기타 지원	○ 양로지원 : 무의탁자(남자 65세, 여자 60세 이상) ●자녀는 제외 ○ 양육지원 : 미성년자녀 및 미성년제매 중 부양의무자가 없는 자 ○ 보훈요양원 및 민간요양시설 이용 : 생활수준 고려(본인일부부담금의 60% 또는 40% 지원) ※ 자녀를 제외한 선순위 유족만 해당 ○ 보훈재가복지서비스 지원(지원요건 해당자) ○ 고궁 등 무료이용/ 협약콘도 감면이용(소노·한화·일성·청풍·주문진·리솜) ○ 유공자의 배우자는 국립묘지 합장 가능 ○ 생업지원(공공시설내 매점·자판기 우선지원)
타법에 의한 지원	○ 개인택시 면허발급 우선순위 ○ 이동전화요금 감면(선순위유족) ○ 의료급여증 발급 : 소득인정액 기준 해당시 ○ 국내항공 요금 30% 할인(선순위유족, 항공사별 할인 요율 다를 수 있음) ○ 병역혜택(전몰군경·순직군인의 자녀, 형제·자매중 1인) ○ 주민등록·인감증명·가족관계증명 등 제증명 발급수수료 면제(선순위유족)

4. 보훈보상대상자

보훈보상대상자의 적용 대상은 재해사망군경, 재해부상군경, 재해사망공무원, 재해부상공무원 등이며, 유가족의 적용 범위는 배우자(1순위), 자녀(2순위), 부모(3순위), 성년인 직계비속이 없는 조부모(4순위), 60세 미만의 직계존속과 성년인 형제자매가 없는 미성년 제매(5순위) 순이다.

○ 재해부상공무원 및 재해사망공무원 유족

종목별	세부수혜내용
보훈급여금 지급	○ 간호수당 : 상이등급 1~2급으로 개호가 필요하다고 인정되는 경우에 한함 ○ 생활조정수당 : 신청에 의한 생활수준 조사 후 생계곤란자에 한함
교육지원	○ 재해부상공무원 본인 및 재해사망공무원 배우자 - 중·고·대학교 수업료등 면제 및 학습보조비 지급 ○ 재해부상공무원 및 재해사망공무원의 자녀 - 중·고·대학교 수업료등 면제 및 중·고교 학습보조비 지급 ※ 만 30세이전에 취학(입학,편입학,재입학)한 자녀만 지원 ※ 재해부상공무원 7급 상이자의 자녀는 소득인정액이 기준금액 대비 125% 이하자만 지원
취업지원	○ 보훈특별고용 : 본인, 배우자(부모, 자녀는 제외) * 보훈특별고용 및 일반직공무원등 특별채용은 1인 3회로 지원횟수 제한 ○ 가점취업, 직업훈련 : 본인, 배우자
의료지원	○ 보훈병원 진료 : 본인(국비), 배우자(60% 감면) ※ 7급상이자 상이처외 질환 10%본인부담 ○ 위탁진료지정병원 진료 : 본인(국비) ※ 7급상이자 상이처외 질환 10%본인부담 ○ 본인 응급진료 : 입원한 날부터 14일 이내 보훈관서 신고 * 14일 경과 3년 이내 신고시 처음 입원한날부터 14일의 신료비만 지원 ○ 보철구 지급 ○ 등록신청 시부터 결정 이전 : 보훈병원에서 진료(진료비 선 납부 후 정산)
대부지원	○ 대상 : 본인, 수권유족인 배우자 ○ 주택(구입,임차,개량), 아파트 분양, 사업, 농토구입, 생활안정대부 - 대부한도액은 300~6,000만원까지(연 2~3%)
주택 우선공급	○ 대상 : 본인, 수권유족인 배우자 ○ 신규건설·공급주택 우선 공급 - 분양 5%, 임대 10%(공급물량기준)
타법지원	○ 도시철도 채권매입 면제 : 본인 ○ 예비군훈련 보류 : 재해부상공무원 본인(보훈보상대상자확인원 제출)

5. 무공·보국수훈자

무공훈장은 1~5등급, 보국훈장은 1~7등급이 있으며, 유가족의 적용 범위는 배우자(1순위), 자녀(2순위), 부모(3순위), 성년인 직계비속이 없는 조부모(4순위), 60세 미만의 직계존속과 성년인 형제자매가 없는 미성년 제매(5순위) 순이다.

○ 무공・보국수훈자 본인

구분	세부수혜내용
보훈 급여금 지급	○ 영예수당(무공수훈자만 해당) ※ 무공수훈자 본인으로서 60세 이상인 자 ※ 전・공상군경, 제일학도의용군인/참전명예수당 대상인 경우, 택일 지급 ○ 생활조정수당 : 생계곤란자에 한함
교육 지원	○ 대상 : 무공・보국수훈자 본인 및 자녀 ※ 본인 및 자녀 모두 생활수준조사결과 소득인정액이 처장 고시금액 이하의 경우에만 교육지원 - 무공 (태극・을지) : 소득인정액이 처장 고시 기준금액의 200% 이하 - 무공 (충무・화랑・인헌), 보국훈장 : 소득인정액이 처장 고시 기준금액의 100% 이하 ※ 2012.7.1이후 등록한 무공・보국수훈자의 자녀는 만30세 이전 교육기관에 취학(입학・재입학・편입학・전입학)한 경우에만 교육지원 ○ 단, 대학특별전형대상자증명서는 생활수준조사 결과와 관계 없이 발급 가능 ○ 내용 : 수업료 등 면제(중・고・대학교), 학습보조비 지급(중・고・대학교, 대학은 본인에 한함)
취업 지원	○ 보훈특별고용 : 본인, 배우자, 부모 및 35세 이하인 자녀 3인까지 ○ 가점취업, 직업훈련 : 본인, 배우자, 부모, 자녀 ※ 2012.7.1이후 등록자 : 부모 및 자녀 취업지원 비대상
의료 지원	○ 보훈병원 진료 : 60% 감면 (2012.7.1.이후 등록자는 본인・배우자만 감면) ○ 위탁병원 진료(무공수훈자만 해당) : 75세 이상의 건강보험자는 요양급여진료비 본인부담분 60%감면(약국약제비, 비급여 진료비 제외), 참전유공자 복합등록자 90%감면
대부 지원	○ 주택(구입,임차,개량), 아파트 분양, 사업, 농토구입, 생활안정대부 - 대부한도액은 300~6,000만원까지(연 2~3%)
주택 우선공급	○ 신규건설・공급주택 우선공급 : 분양 5%, 임대 10%(공급물량기준) ○ 기존주택 매입・전세임대주택 : 2%(공급물량기준)
기타 지원	○ 양로지원 : 무의탁자(남자 65세, 여자 60세 이상) ※ 배우자 동시 입소 가능(남자 60세, 여자 55세 이상) ○ 양육지원 : 미성년자녀 및 미성년제매 중 부양의무자가 없는 자 ○ 보훈요양원 및 민간요양시설 이용 : 생활수준 고려(본인일부부담금의 60% 또는 40% 지원) ※ 배우자는 보훈요양원 이용시에만 지원 ○ 보훈재가복지서비스 지원(지원요건 해당자) ○ 고궁 등 무료이용/ 협약콘도 감면이용(소노・한화・일성・청풍・주문진・리솜) ○ 국립묘지 안장(무공수훈자만 해당, 단 결격사유가 있는 경우에는 별도 심의) ※ 배우자는 합장시에만 가능 ○ 영구용 태극기・대통령명의 근조기 증정, 묘비제작비 지원 ○ 태극・을지 무공수훈자 사망시 대통령명의 조화 근정(대통령명의 근조기는 해당없음) 및 사망시 빈소에서 장지까지 경찰에스코트 지원 ○ 생계곤란 국가유공자 장례서비스 지원(본인 사망시, 지원요건 해당자) ○ 생업지원(공공시설내 매점・자판기 우선지원)
타법에 의한 지원	○ 개인택시 면허발급 우선순위 ○ 의료급여증 발급 : 소득인정액 기준 해당시 ○ 국내항공 요금 30% 할인(항공사별 할인요율 다를 수 있음) ○ 주민등록・인감증명・가족관계증명 등 제증명 발급수수료 면제 ○ 담배소매인지정 우선 지원

○ 무공·보국수훈자 유족

구분	세부수혜내용
보훈 급여금 지급	○ 생활조정수당 : 생계곤란자에 한함

교육
지원
	○ 대상 : 무공·보국수훈자의 자녀
	  ※ 생활수준조사결과 소득인정액이 차상 고시금액 이하의 경우에만 교육지원
	  - 무공 (태극·을지) : 소득인정액이 차상 고시 기준금액의 200% 이하
	  - 무공 (충무·화랑·인헌), 보국훈장 : 소득인정액이 차상 고시 기준금액의 100% 이하
	  ※ 2012.7.1이후 등록된 무공·보국수훈자의 자녀는 만30세 이전 교육기관에 취학(입학·재입학·편입학·전입학)한 경우에만 교육지원, 단, 대학특별전형대상자증명서는 생활수준조사 결과와 관계없이 발급 가능
	○ 내용 : 수업료 등 면제(중·고·대학교), 학습보조비 지급(중·고·대학교, 대학은 본인에 한함

취업 지원	○ 보훈특별고용 : 배우자, 부모 및 35세 이하인 자녀 3인까지 ○ 가점취업, 직업훈련 : 배우자, 부모, 자녀 ※ 2012.7.1이후 등록자 : 부모 및 자녀 취업지원 비대상

의료
지원
	○ 보훈병원 진료 : 유·가족(60% 감면)
	  ※ 2012년 7월 1일 이후 등록신청하는 유가족은 배우자 또는 선순위자 1명으로 제한
	  (다만 선순위자가 부 또는 모인 때에는 선순위자가 아닌 모 또는 부를 포함)

대부 지원	○ 대상 : 선순위 유족 ○ 주택(구입,임차,개량), 아파트 분양, 사업, 농토구입, 생활안정대부 - 대부한도액은 300~6,000만원까지(연 2~3%)
주택 우선공급	○ 신규건설·공급주택 우선공급 : 분양 5%, 임대 10%(공급물량기준) ○ 기존주택 매입·전세임대주택 : 2%(공급물량기준)
기타 지원	○ 양로지원 : 무의탁자(남자 65세, 여자 60세 이상) *자녀는 제외 ○ 양육지원 : 미성년자녀 및 미성년제매 중 부양의무자가 없는 자 ○ 보훈요양원 및 민간요양시설 이용 : 생활수준 고려(본인일부부담금외 60% 또는 40% 지원) ※ 자녀를 제외한 선순위 유족만 해당 ○ 보훈재가복지서비스 지원(지원요건 해당자) ○ 고궁 등 무료이용/ 협약콘도 감면이용(소노·한화·일성·청풍·주문진·리솜) ○ 무공수훈자의 배우자만 국립묘지 합장 가능 ○ 생업지원(공공시설내 매점·사판기 우선지원)
타법에 의한 지원	○ 개인택시 면허발급 우선순위 ○ 의료급여증 발급 : 소득인정액 기준 해당시 ○ 국내항공 요금 30% 할인(선순위유족, 항공사별 할인요율 다를 수 있음) ○ 주민등록·인감증명·가족관계증명 등 제증명 발급수수료 면제

6. 재일학도의용군인

6·25 참전 재일학도의용군인의 유가족 적용 범위는 배우자(1순위), 자녀(2순위), 부모(3순위), 성년인 직계비속이 없는 조부모(4순위), 60세 미만의 직계존속과 성년인 형제자매가 없는 미성년 제매(5순위) 순이다.

○ 재일학도의용군인(유족)

구분	세부수혜내용
보훈급여금 지급	○ 보상금 및 수당 ○ 생활조정수당 : 생계곤란자에 한함 ○ 사망일시금
교육지원	○ 수업료 등 면제 : 본인, 자녀(중·고·대학교) ○ 학습보조비 지급 : 본인(중·고·대학교), 자녀(중·고등학교) ※ 2012.7.1이후 등록된 재일학도의용군인의 자녀는 만30세 이전 교육기관에 취학(입학·재입학·편입학·전입학)한 경우에만 교육지원
취업지원	○ 보훈특별고용 : 본인, 배우자, 부모 및 35세 이하인 자녀 3인까지 ※ 2012.7.1이후 등록자 : 자녀 1인에 한하며, 취업알선도 1인 3회로 제한(가점 취업은 제한 없음) ○ 가점취업, 직업훈련 : 본인, 배우자, 부모, 자녀 ※ 2012.7.1이후 등록자 : 부모는 취업지원 비대상
의료지원	○ 보훈병원 진료 : 본인(100%), 가족(60%감면) ※ 2012년 7월 1일 이후 등록신청하는 유가족은 배우자 또는 선순위자 1명으로 제한 (다만 선순위자가 부 또는 모인 때에는 선순위자가 아닌 모 또는 부를 포함) ○ 위탁병원 진료 : 75세이상 재일학도의용군인 및 그가 사망한 경우 그 유족 중 선순위자 1명으로 건강보험 가입자(요양급여진료비 본인부담액 60% 감면, 약약제비 및 비급여 진료비 제외)
대부지원	○ 대상 : 본인, 선순위 유족 ○ 주택(구입,임차,개량), 아파트 분양, 사업, 농토구입, 생활안정대부 - 대부한도액은 300~6,000만원까지(연 2~3%)
주택우선공급	○ 신규건설·공급주택 우선공급 : 분양 5%, 임대 10%(공급물량기준) ○ 기존주택 매입·전세임대주택 : 2%(공급물량기준)
기타지원	○ 양로지원 : 무의탁자(남자 65세, 여자 60세 이상) *단, 유족의 경우 자녀는 제외 ※ 유공자 본인 입소 시 배우자 동시입소 가능(남자 60세, 여자 55세 이상) ○ 양육지원 : 미성년자녀 및 미성년제매 중 부양의무자가 없는 자 ○ 보훈요양원 및 민간요양시설 이용 : 생활수준 고려(본인일부부담금의 60% 또는 40% 지원) ※ 단, 유족의 경우 자녀를 제외한 선순위자만 해당 ○ 보훈재가복지 서비스 지원(지원요건 해당자) ○ 고궁 등 무료이용/ 협약콘도 감면이용(소노·한화·일성·청풍·주문진·리솜) ○ 국립묘지 안장(단, 결격사유가 있는 경우에는 별도 심의) ※ 배우자합장 가능 ○ 영구용 태극기·대봉령명의 근조기 증정, 묘비제작비 지원 ○ 생계곤란 국가유공자 장례서비스 지원(유공자 본인 사망시, 지원요건 해당자) ○ 생업지원(공공시설내 매점·자판기 우선지원)
타법에 의한 지원	○ 개인택시 면허발급 우선순위 ○ 의료급여증 발급 : 소득인정액 기준 해당시 ○ 국내항공 요금 30% 할인(본인, 선순위유족/항공사별 할인요율 다를 수 있음) ○ 주민등록·인감증명·가족관계증명 등 제증명 발급수수료 면제 ○ 이동통신요금감면(유공상이자 본인) ○ 담배소매인지정 우선 지원

7. 4·19 혁명유공자

4·19 혁명유공자의 적용 대상은 사망자, 부상자, 공로자이며, 유가족의 적용 범위는 배우자(1순위), 자녀(2순위), 부모(3순위), 성년인 직계비속이 없는 조부모(4순위), 60세 미만의 직계존속과 성년인 형제자매가 없는 미성년 제매(5순위) 순이다.

○ 4·19혁명부상자 본인

구분	세부 수혜내용
보훈 급여금 지급	○ 보상금 및 수당 ○ 생활조정수당 : 생계곤란자에 한함 ○ 간호수당 : 상이 2급 이상으로, 별도 국가보훈처장이 고시한 기준에 따름 ○ 사망일시금
교육 지원	○ 수업료 등 면제 : 본인·자녀(중·고·대학교) ○ 학습보조비 지급 : 본인(중·고·대학교), 자녀(중·고등학교) ※ 2012.7.1 이후 등록된 부상자(1~7급)의 자녀는 만30세 이전 교육기관에 취학(입학·재입학·편입학·전입학)한 경우에만 교육지원. 단, 7급상이자 자녀는 소득인정액이 차상위 기준금액의 125% 이하인 층에만 교육지원
취업 지원	○ 보훈특별고용 : 본인, 배우자, 부모 및 35세 이하인 자녀 3인까지 ※ 2012.7.1 이후 등록자 : 자녀 1인에 한하며, 취업알선도 1인 3회로 제한(가점 취업은 제한 없음) ○ 가점취업, 직업훈련 : 본인, 배우자, 부모, 자녀 ※ 2012.7.1 이후 등록자 : 부모 및 상이 7급 자녀는 취업지원 비대상
의료 지원	○ 보훈병원 및 위탁병원 진료 : 본인(국비) ※ 2012.7.1 이후 등록신청 7급상이자 상이처외 질환 10% 본인부담 ○ 보철구 지급 ○ 본인 응급진료 : 입원한 날부터 14일 이내 보훈관서 신고 · 14일경과 3년 이내 신고시 처음 입원날부터 14일부의 진료비만 지원 ○ 등록신청 시부터 결정 이전 : 보훈병원에서 진료(진료비 선 납부 후 정산) ○ 신체검사 등급기준 미달 판정을 받은 경상이자는 인정상이처에 대해 보훈병원 및 위탁병원 국비진료
대부 지원	○ 주택(구입,임차,개량), 아파트 분양, 사업, 농토구입, 생활안정대부 · 대부한도액은 300~6,000만원까지(연 2~3%)
주택 우선공급	○ 신규건설·공급주택 우선 공급 : 분양 5%, 임대 10%(공급물량기준) ○ 기존주택 매입·전세임대주택 : 2%(공급물량기준)
기타 지원	○ 양로시원 : 무의탁자(남자 60세, 여자 55세 이상) ※ 배우자 동시입소 가능(남자 60세, 여자 55세 이상) ○ 양육지원 : 미성년자녀 및 미성년제매 중 부양의무자가 없는 자 ○ 보훈요양원 및 민간요양시설 이용 : 생활수준 고려(본인일부부담금의 80% 지원) ※ 단, 상이 1급에 해당하는 사람은 생활수준에 관계없이 지원(80%), 배우자는 보훈요양원 이용 시 생활수준 고려하여 60% 또는 40% 지원 ○ 보훈재가복지서비스 지원(지원요건 해당자) ○ 수송시설 감면이용/ 협약콘도 감면이용(소노·한화·일성·청풍·주문진·리솜) ○ 고궁 등 무료이용(1급 상이자는 보조원 1명 포함) ○ 국립4·19민주묘지 안장(결격사유 해당시 별도 심의) ※ 배우자 합장 가능 ○ 영구용 태극기·대통령명의 근조기 증정, 묘비제작비 지원(국립4·19민주묘지 안장자는 제외) ○ 생계곤란 국가유공자 장례지원버스 지원(유공자 본인 사망시, 지원요건 해당자) ○ 생업지원(공공시설내 매점·자판기 우선지원)
타법에 의한 지원	○ TV수신료 면제 ○ 전화요금(이동전화 포함) 감면 ○ 주민등록·인감증명·가족관계증명 등 제증명 발급수수료 면제 ○ 개인택시 면허발급 우선순위 ○ 전기요금 월 16천원 한도할인(상이등급 1~3급) ·여름철(6.1~8.31) 월 20천원 한도할인 ○ 의료급여증 발급 : 소득인정액 기준 해당시 ○ LPG차량 세금인상분 지원, 공영주차장 주차료 감면 ○ 차량 구입 관련 세금 면제, 유료도로 통행료 감면 ○ 환경개선부담금 감면(보철용 경유자동차 1대) ○ 자동차검사 수수료 할인(보철용차량으로 등록된 비사업용 차량) ○ 국내항공 요금 50% 할인(상이 등급 1~4급은 동반보호자 1인 포함) ○ 담배소매인지정 우선 시원

○ 4·19혁명부상자 유족

구분	세부수혜내용

보훈
급여금
지급
	○ 보상금 및 수당
	※ 보상금지급 순위
	 - 배우자, 자녀 (미성년자에 한하되, 미성년당시부터 생활능력이 없는 정도의 심신장애 성년
	  자녀 포함), 부모, 성년남자인 직계비속이 없는 조부모, 60세미만의 남자 및 55세미만의
	  여자인 직계존속과 성년남자인 형이 없는 미성년제매 순으로 지급. 단, 7급 상이자로 그
	  상이가 원인이 되어 사망하지 않은 자의 유족에게는 보상금을 지급하지 아니함
	 - 2012.7.1.이후 신법 해당자(신규 및 재판정 받은 자)는 상이등급 6급 이상 상이자의 유족
	  에게만 보상금 지급(상이원인사망자는 무관)
	○ 생활조정수당 : 생계곤란자에 한함
	○ 사망일시금(보상금을 받을 수 있는 다른 유족이 없는 경우에 한함)

교육
지원
	○ 수업료 등 면제 : 자녀(중·고·대학교)
	○ 학습보조비 지급 : 자녀(중·고등학교)
	※ 2012.7.1.이후 등록한 부상자(1~7급)의 자녀는 만30세 이전 교육기관에 취학(입학·개입학·
	  편입학·전입학)한 경우에만 교육지원. 단, 7급상이자 자녀는 소득인정액이 최상고시 기준금액의
	  125% 이하인 경우에만 교육지원

취업 지원	○ 보훈특별고용 : 부모, 배우자 및 35세 이하인 자녀 3인까지 - 2012.7.1.이후 등록자 : 자녀 1인에 한하며, 취업알선도 1인 3회로 제한(가점 취업은 제한 없음) ○ 가점취업 및 직업훈련 : 부모, 배우자, 자녀 ※ 2012.7.1.이후 등록자 : 부모 및 상이 7급 자녀는 취업지원 비대상

의료
지원
	○ 보훈병원 진료 : 유·가족(60% 감면)
	※ 2012년 7월 1일 이후 등록신청하는 유가족은 배우자 또는 선순위자 1명으로 제한
	  (다만 선순위자가 두 또는 모인 때에는 선순위자가 아닌 모 또는 부를 포함)
	○ 위탁병원 진료 : 75세 이상, 건강보험 가입자 중 보상금을 수령하는 선순위 유족 1인(요양급여
	  진료비 본인부담액 60% 감면, 약국약제비와 요양비급여 진료비 제외)

대부 지원	○ 대상 : 선순위 유족, 보상금 수령 부모 ○ 주택(구입,임차,개량), 아파트 분양 사업 농토구입 생활안정대부 - 대부한도액은 300~6,000만원까지(연 2~3%)
주택 우선공급	○ 신규건설·공급주택 우선공급 : 분양 5%, 임대 10%(공급물량기준) ○ 기존주택 매입·전세임대주택 : 2%(공급물량기준)
기타 지원	○ 양로지원 : 무의탁자남자 65세, 여자 60세 이상 *자녀는 제외 ○ 양육지원 : 미성년자녀 및 미성년제매 중 부양의무자가 없는 자 ○ 보훈요양원 및 민간요양시설 이용 : 생활수준 고려(본인일부부담금의 60% 또는 40%) 지원) ※ 자녀를 제외한 선순위 유족만 해당 ○ 보훈재가복지서비스 지원(지원요건 해당자) ○ 고궁 등 무료이용/ 협약콘도 감면이용(소노·한화·일성·청풍·주문진·리솜) ○ 유공자의 배우자는 국립묘지 합장 가능 ○ 생업지원(공공시설내 매점·자판기 우선지원)
타법에 의한 지원	○ 개인택시 면허발급 우선순위 ○ 의료급여증 발급 : 소득 인정액 기준 해당시 ○ 국내항공 요금 30% 할인(선순유족, 항공사별 할인요율 다를 수 있음) ○ 주민등록·인감증명·가족관계증명 등 제증명 발급 수수료 면제

8. 순직·공상공무원

순직공무원과 공상공무원의 유가족 적용 범위는 배우자(1순위), 자녀(2순위), 부모(3순위), 성년인 직계비속이 없는 조부모(4순위), 60세 미만의 직계존속과 성년인 형제자매가 없는 미성년 제매(5순위) 순이다.

○ 순직공무원 유족

구분	세부수혜내용
보훈 급여금 지급	○ 생활조정수당 : 생계곤란자에 한함
교육 지원	○ 수업료 등 면제 : 배우자, 자녀(중·고·대학교) ○ 학습보조비 지급 : 배우자(중·고·대학교), 자녀(중·고등학교) ※ 2012.7.1이후 등록한 순직공무원의 자녀는 만30세 이전 교육기관에 취학(입학·재입학·편입학·전입학)한 경우에만 교육지원.
취업 지원	○ 보훈특별고용 : 부모, 배우자 및 35세 이하인 자녀 3인까지 ※ 2012.7.1이후 등록자 : 자녀 1인에 한하며, 취업알선도 1인 3회로 제한(가점 취업은 제한 없음) ○ 가전취업 및 직업훈련 : 부모, 배우자, 자녀 ※ 2012.7.1이후 등록자 : 부모 취업지원 비대상
의료 지원	○ 보훈병원 진료 : 유·가족(60% 감면) ※ 2012년 7월 1일 이후 등록신청하는 유가족은 배우자 또는 선순위 1명 으로 제한(다만 선순위자가 부 또는 모인 때에는 선순위자가 아닌 모 또는 부를 포함)
대부 지원	○ 대상: 선순위 유족 ○ 주택(구입,임차,개량), 아파트 분양, 사업, 농토구입, 생활안정대부 - 대부한도액은 300~6,000만원까지 (연 2~3%)
주택 우선공급	○ 신규건설·공급 주택 우선 공급 : 분양 5%, 임대 10%(공급물량기준) ○ 기존주택 매입·전세임대주택 : 2%(공급물량기준)
기타 지원	○ 양로지원 : 무의탁자(남자 65세, 여자 60세 이상) *자녀는 제외 ○ 양육지원 : 미성년자녀 및 미성년재매 중 부양의무자가 없는 자 ○ 보훈요양원 및 민간요양시설 이용 : 생활수준 고려(본인일부부담금의 60% 또는 40% 지원) ※ 자녀를 제외한 선순위 유족만 해당 ○ 보훈재가복지서비스 지원(지원요건 해당자) ○ 고궁 등 무료이용/ 협약콘도 감면이용(소노·한화·일성·청풍·주문진·리솜) ○ 국립묘지 안장지원(단, 대통령령에서 정한 요건을 갖춘 순직자에 한함) ○ 생업지원(공공시설내 매점·자판기 우선지원)
타법에 의한 지원	○ 개인택시 면허발급 우선순위 ○ 의료급여증 발급 : 소득인정액 기준 해당시 ○ 국내항공 요금 30% 할인(선순위유족, 항공사별 할인요율 다를 수 있음) ○ 주민등록·인감증명·가족관계증명 등 제증명 발급수수료 면제

○ 공상공무원

구분	세부수혜내용
보훈급여금 지급	○ 간호수당(상이 2급 이상으로 별도 국가보훈처장이 고시한 기준에 따름) ○ 생활조정수당 : 생계곤란자에 한함
교육지원	○ 수업료 등 면제 : 본인, 자녀(중·고·대학교) ○ 학습보조비 지급 : 본인(중·고·대학교), 자녀(중·고등학교) ※ 2012.7.1.이후 등록신청 결정된 공상공무원의 자녀는 만30세 이전 교육기관에 취학(이하, 재입학, 편입학)한 경우에만 교육지원 단, 7급상이자 자녀는 소득인정액이 처장고시 기준금액의 125% 이하인 경우에만 교육지원
취업지원	○ 보훈특별고용 : 본인, 배우자, 부모 및 35세 이하인 자녀 3인까지 ※ 2012.7.1이후 등록자 : 자녀 1인에 한하며, 취업알선도 1인 3회로 제한(가점 취업은 제한 없음) ○ 가점취업, 직업훈련 : 본인, 배우자, 부모, 자녀 ※ 2012.7.1이후 등록자 : 부모 및 상이 7급 자녀는 취업지원 비대상
의료지원	○ 보훈병원 및 위탁병원 진료 : 본인(국비) ※ 2012년 7월 1일이후 등록신청 7급상이자 상이처외 질환 10% 본인부담 ○ 보철구 지급 ○ 본인 응급진료 : 입원한 날부터 14일 이내 보훈관서 신고 * 14일 경과 3년 이내 신고시 처음 입원한 날부터 14일의 진료비만 지원 ○ 등록신청 시부터 결정 이전 : 보훈병원에서 진료(진료비 선 납부 후 정산) ○ 신체검사 등급기준 미달 판정을 받은 경상이자는 인정상이처에 대해 보훈병원 및 위탁병원 국비진료
대부지원	○ 주택(구입,임차,개량), 아파트 분양, 사업, 농토구입, 생활안정대부 - 대부한도액은 300~6,000만원까지(연 2~3%)
주택우선공급	○ 신규건설·공급주택 우선공급 : 공급물량의 분양 5%, 임대 10% ○ 기존주택 매입·전세임대주택 : 2%(공급물량기준)
기타지원	○ 양로지원 : 무의탁자(남자 60세, 여자 55세 이상) ※ 배우자 동시 입소 가능(남자 60세, 여자 55세 이상) ○ 양육지원 : 미성년자녀 및 미성년재매 중 부양의무자가 없는 자 ○ 보훈요양원 및 민간요양시설 이용 : 생활수준 고려(본인일부담금의 80% 지원) ※ 단, 상이 1급에 해당하는 사람은 생활수준에 관계없이 지원(80%), 배우자는 보훈요양원 이용 시 생활수준 고려하여 60% 또는 40% 지원 ○ 수송시설 감면이용/협약콘도 감면이용(소노·한화·일성·청풍·주문진·리솜) ○ 고궁 등 무료이용(1급 상이자는 보조원 1명 포함) ○ 국립묘지 안장지원 (단, 대통령령에서 정한 요건을 갖춘 공상자에 한함) ○ 영구용 태극기·대통령명의 근조기 증정, 묘비제작비 지원 ○ 생계곤란 국가유공자 장례서비스 지원(유공자 본인 사망시, 지원요건 해당자) ○ 생업지원 : 공공시설내 매점·자판기 우선지원
타법에 의한 지원	○ TV수신료 면제 ○ 전기요금 월16천원 한도할인(상이등급 1~3급) *여름철(6.1~8.31) 월 20천원 한도할인 ○ 전화요금(이동전화 포함) 감면 ○ 개인택시 면허발급 우선순위 ○ 의료급여증 발급 : 소득인정액 기준 해당 시 ○ LPG차량 세금인상분 지원, 공영주차장 주차료 감면 ○ 자동차 관련 세금 면제, 유료도로 통행료 감면 ○ 환경개선부담금 감면(보철용 경유자동차 1대) ○ 자동차검사 수수료 할인(보철용차량으로 등록된 비사업용 차량) ○ 국내항공 요금 50% 할인(상이등급 1~4급은 동반보호자 1인 포함) ○ 주민등록·인감증명·가족관계증명 등 제증명 발급수수료 면제

9. 5·18 민주유공자

5·18 민주유공자의 적용 대상은 5·18 민주화운동 사망자 및 행방불명자, 부상자, 운동희생자 등이며, 유가족의 적용 범위는 배우자(1순위), 자녀(2순위), 부모(3순위), 성년인 직계비속이 없는 조부모(4순위), 60세 미만의 직계존속과 성년인 형제자매가 없는 미성년 제매(5순위) 순이다.

○ 5·18민주유공자

구분	세부수혜내용
증서	○ 대통령 명의 5·18민주유공자증서 수여

교육
지원
	○ 대상 : - 5·18민주화운동부상자 및 자녀, 그 밖의 5·18민주화운동희생자 및 자녀
	       - 5·18민주화운동사망자 또는 행방불명자의 배우자 및 자녀
	  ※ 그 밖의 5·18민주화운동희생자 및 자녀는 소득인정액이 처장 고시 기준금액 대비 100% 이하만 지원, 단, 2016.6.23이후 등록된 5·18민주화운동부상자 12·13·14등급의 자녀는 소득인정액이 처장 고시 기준금액 대비 125% 이하인 경우에만 지원
	  ※ 2016.6.23 이후 등록신청 결정된 5·18민주유공자의 자녀는 만30세 이전 교육기관에 취학(입학, 재입학, 편입학)한 경우에만 지원
	○ 내용 : 수업료 등 면제(중·고·대학교), 학습보조비 지급(중·고·대학교, 대학은 본인 및 사망자의 배우자에 한함)

취업
지원
	○ 보훈특별고용 : 본인, 배우자, 부모 및 35세 이하의 자녀 3인까지
	  ※ 2016.06.23이후 등록자 : 자녀 1인에 한함(부모 및 장해등급 12~14등급 자녀 제외)
	○ 가점취업 및 직업훈련 : 본인, 배우자, 부모, 자녀
	  ※ 2016.06.23이후 등록자 : 부모 및 장해등급 12~14등급 자녀 제외)

의료
지원
	○ 보훈병원 진료 : 부상자 본인(국비), 유·가족(60% 감면)
	  ※ 2016. 6. 23. 이후 등록신청 12~14급은 인정상이 외 질환 10% 본인부담, 유가족은 배우자 및 선순위자 1명으로 제한(다만 선순위자 부 또는 모인 때에는 부모 모두 포함)
	  - 그 밖의 5·18민주화운동희생자는 50%, 희생자 유·가족은 30% 감면
	  ※ 2016. 6. 23. 이후 등록신청하는 그 밖의 5·18민주화운동희생자 유가족은 배우자 또는 선순위자 1명으로 제한(다만 선순위자 부 또는 모인 때에는 부모 모두 포함)
	○ 위탁병원 진료 : 부상자 본인(국비)
	  ※ 2016. 6. 23. 이후 등록신청 12~14급은 인정상이서 외 질환 10% 본인부담

대부 지원	○ 대상 : 5·18민주유공자 및 선순위 유족 ○ 주택(구입, 임차, 가옥), 아파트 분양, 사업, 농토구입, 생활안정대부 - 대부한도액은 300~6,000만원까지(연 2~3%)
주택 우선공급	○ 신규건설·공급주택 우선공급 : 분양 5%, 임대 10%(공급물량기준) ○ 기존주택 매입·전세임대주택 : 2%(공급물량기준)

기타
지원
	○ 양로보호 : 무의탁자(남자 65세, 여자 60세 이상, 단 부상자는 남자 60세, 여자 55세 이상)
	  ※ 유공자 본인 입소 시 배우자 동시 입소 가능(남자 60세, 여자 55세 이상)
	○ 양육지원 : 미성년자녀 및 미성년제매 중 부양의무자가 없는 자
	○ 보훈요양원 및 민간요양시설 이용 : 생활수준 고려
	  - 부상자 : 본인일부부담금의 80% 지원
	  - 기타 대상자와 자녀를 제외한 선순의 유족 : 본인일부부담금의 60% 또는 40% 지원
	○ 보훈재가복지서비스 지원 : 지원요건 해당자
	○ 수송시설 감면 이용(5·18민주화운동부상자에 한함)
	○ 국립묘지 안장(단, 결격사유가 있는 경우에는 별도 심의) ※ 배우자 합장 가능
	○ 영구용 태극기 및 묘비제작비 지원(국립5·18민주묘지 안장자는 제외)
	○ 생계곤란 국가유공자 장례서비스 지원(유공자 본인 사망시, 지원요건 해당자)
	○ 영구용 태극기·대통령명의 근조기 증정, 묘비제작비 지원(국립5·18민주묘지 안장자는 제외)
	  - 개별소비세 및 지방세 면제, 도시철도채권매입 면제, LPG차량 세금인상분 지원, 자동차검사 수수료 할인(보철용차량으로 등록된 비사업용 차량)
	○ 고궁 등 무료이용/협약본도 감면이용(소노·한화·일성·참풍·주문진·리슘)
	○ 개인택시 면허발급 우선순위
	○ 국내항공요금 50%할인 : 5·18민주화운동부상자
	           30%할인 : 5·18민주화운동희생자, 5·18민주유공자 선순위유족
	  ※ 항공사별 할인요율 다를 수 있음
	○ 전화요금 감면(5·18민주화운동부상자)
	○ 주민등록·인감증명·가족관계증명 등 제증명 발급수수료 면제

10. 고엽제후유증환자

고엽제환자의 적용 대상은 고엽제후유증환자(전상, 공상군인), 고엽제후유의증환자, 고엽제후유증2세환자, 고엽제후유증환자유족 등이다.

고엽제후유증환자에 해당하는 질병이 발병하고 상이등급 1~7급 판정을 받게 되면, 전·공상군경에 해당하는 보상지원을 받게 되며, 고엽제후유의증환자에 해당하는 질병이 발병한 경우에는 장애등급에 따라 보상을 받게 된다.

○ 고엽제후유증환자(유족)
  - 상이등급 1~7급 해당자 : 전·공상군경(유족)으로 보아 보상지원
    상이등급 미달자 : 보훈병원 또는 위탁병원 이용 시 해당질병 및 합병증 무료진료
    ※ 고엽제후유증 환자 등록 전에 사망한 자로 고엽제후유증으로 인정되어 상이등급 1~7급의
      판정을 받은 자의 유족에 대하여는 전상·공상군경으로 보아 보상 지원

○ 고엽제후유의증환자

종목별	세부수혜내용			
수당지급	○ 장애등급에 따라 수당지급			
	구분	고도장애	중등도 장애	경도 장애
	월 지급액(천원)	981	723	475

교육지원	○ 수업료등 면제 : 본인, 자녀(중·고·대학교)
	○ 학습보조비 지급 : 본인(중·고·대학교), 자녀(중·고등학교)
	  ※ 2012.7.1이후 등록한 고엽제후유의증자의 자녀는 만 30세 이전 교육기관에 취학
	  (입학,재입학,편입학)한 경우에 한 지원. 단, 2016.6.23이후 등록한 고엽제후유의증
	  경도자 자녀는 소득인정액이 최장 고시 기준금액 대비 125% 이하인 경우에만 지원			

취업지원	○ 보훈특별고용 : 본인, 배우자 및 35세 이하인 자녀 3인까지
	○ 가점취업, 직업훈련 : 본인, 배우자, 자녀
	  ※ 2012.7.1이후 등록자 : 자녀 1인(보훈특별고용·공무원 특별채용이 따른 취업지원 횟수 3회)
	  ※ 2016.6.23이후 등록한 고엽제후유의증 경도 자녀 취업지원 비대상			

의료·복지·
기타지원
	○ 보훈병원 및 위탁병원 진료 : 국비(본인의 고의 또는 과실, 타인의 위해 등에 대한 질병제외)
	  ※ 2016. 6. 23. 이후 등록신청 '경도'판정자는 인정질환 외 진료 시 10% 본인부담
	○ 응급 및 통원진료 가능('06. 1. 1.이후)
	○ 등록신청 시부터 결정 이전 : 보훈병원에서 진료(진료비 신 납부 후 정산)
	○ 양로지원 : 무의(남자 65세, 여자 60세 이상)
	○ 보훈요양원 및 민간요양시설 이용
	  - 의료수급자 및 기타감경자에 한해 본인일부부담금의 60% 지원 ※ 2세환자 제외
	○ 보훈재가복지서비스 지원(지원요건 해당자)
	○ 생계곤란 국가유공자 장례서비스 지원(등급판정자 본인 사망시, 지원요건 해당자)			

타법에 의한 지원	○ LPG차량 세금인상분 지원, 자동차 관련 세금 면제(등급판정자) ○ 유료도로 통행료 50% 할인(등급기준 비달 포함) ○ 환경개선부담금 감면(보철용 경유자동차 1대) ○ 자동차검사 수수료 할인(보철용차량으로 등록원 비사업용 차량, 등급판정자) ○ 연말 소득 정산시 장애인 추가 공제(고도, 중등도, 경도) ○ 주민등록·인감증명·가족관계증명 등 제증명 발급수수료 면제 ○ 철도콘도 감면이용(소노·한화·일성·정봉·주문진·리솜) ○ 고궁등 무료이용(등급기준 비달 포함)			

○ 고엽제후유증 2세환자
 - 수당 지급 : 장애등급 해당자

구분	고도 장애	중등도 장애	경도 장애
월 지급액(천원)	1,747	1,357	1,090

 - 의료지원 : 보훈병원 또는 위탁병원 이용시(※ 2016. 6. 23. 이후 등록신청 '경도'
   판정자는 인정질환 외 진료 시 10% 본인부담)

참고로, 고엽제후유증에 해당하는 질병과 고엽제후유의증에 해당하는 질병의 범위는 하단과 같다. 보훈처에서는 고엽제와 질병과의 의학적 인과관계 등을 역학 조사해 고엽제후유증의 범위를 결정하고 있다.

[참고] 질병인정 범위

○ 고엽제후유증의 범위(고엽제법 제5조제1항)

1. 비호지킨임파선암(非호지킨淋巴腺癌)	11. 전립선암(前立腺癌)
2. 연조직육종암(軟組織肉腫癌)	12. 버거병
3. 염소성여드름(鹽素性여드름)	13. 당뇨병(糖尿病) 다만, 선천성 당뇨병은 제외
4. 말초신경병(末梢神經病)	14. B-세포형 만성백혈병(만성림프성백혈병과 털세포백혈병 포함)
5. 만발성피부포르피린증(滿發性皮膚포르피린 症)	
6. 호지킨병	15. 만성골수성백혈병
7. 폐암(肺癌)	16. 파킨슨병(다만, 이차성 파킨슨증 및 달리 분류된 질환에서의 파킨슨증은 제외)
8. 후두암(喉頭癌)	
9. 기관암(氣管癌)	17. 허혈성심장질환
10. 다발성골수종(多發性骨髓腫)	18. AL아밀로이드증
	19. 침샘암
	20. 담낭암(담도암을 포함한다)

○ 고엽제후유의증 범위(고엽제법 제5조제2항)

1. 일광과민성피부염(日光過敏性皮膚炎)	11. 근질환(筋疾患)
2. 심상성건선(尋常性乾癬)	12. 악성종양(惡性腫瘍). 다만, 제1항의 고엽제후유증에 속하는 악성종양은 제외한다.
3. 지루성피부염(脂漏性皮膚炎)	
4. 만성담마진(慢性蕁麻疹)	13. 간질환(肝疾患) 다만, B형 및 C형 감염으로 인한 것은 제외한다.
5. 건성습진(乾性濕疹)	
6. 중추신경장애(中樞神經障碍). 다만, 제1항 제16호 본문의 파킨슨병은 제외한다	14. 갑상샘기능저하증
	15. 고혈압(高血壓)
7. 뇌경색증(腦硬塞症)	16. 뇌출혈(腦出血)
8. 다발성신경마비(多發性神經痲痺)	17. 삭제<2012.1.17.>
9. 다발성경화증(多發性硬化症)	18. 동맥경화증(動脈硬化症)
10. 근위축성신경측색경화증(筋萎縮性神經側索硬化症)	19. 무혈성괴사증(無血性壞死症)
	20. 고지혈증(高脂血症)
	21. 삭제<2012.1.17.>

11. 참전유공자

참적유공자의 적용 대상은 6·25 전쟁과 월남전에 참전한 군인, 경찰공무원 등이며, 국방부에서 인정한 비군인 참전유공자이다.

○ 참전유공자

종목별	세부수혜내용
증서 수여	○ 대통령명의 국가유공자증서 수여
참전명예수당	○ 대 상 : 참전유공자로서 65세 이상자 ※ 보상금, 무공영예수당, 고엽제후유의증수당대상자는 택일하여 지급
의료지원	○ 보훈병원: 본인 진료비 부담액의 90% 감면 ○ 위탁병원: 75세이상 건강보험가입자 위탁병원 요양급여진료비 본인 부담액 90% 감면(약제비와 비급여항목 제외) ○ 전국 200여개 일반(한방)병원에서 10~30% 자율감면 실시 ※ 감면병원 명단은 국가보훈처 홈페이지-보훈지원-지원안내-의료지원에서 확인 가능
주택 우선공급	○ 신규건설·공급주택 우선 공급 　- 분양 5%, 임대 10% ○ 기존주택 매입·전세임대주택 : 2%
국립호국원 안장 (단, 결격사유가 있는 경우에는 별도 심외)	○ 국립호국원 소재지 　- 영천묘지 : 경북 영천시 고경면 호국로 1720(054-330-0850) 　- 임실묘지 : 전북 임실군 강진면 호국리 420(063-643-6041~47) 　- 이천묘지 : 경기도 이천시 설성면 노성로 260(031-645-2331~38) 　- 산청묘지 : 경남 산청군 단성면 목화로 170번길 57(055-970-0770) 　- 괴산묘지 : 충북 괴산군 문광면 호국로 159(043-830-1777) ○ 참전유공자 안장시 배우자 합장 가능
장제보조비	○ 사망한 날로부터 5년 이내 신청 ※ 국립묘지 안장 지원자는 제외
기타지원	○ 고궁·공원등의 시설 무료 혹은 할인 ○ 영구용 태극기·대통령명의 근조기 증정 ○ 생계곤란 국가유공자 장례서비스 지원(유공자 본인 사망시, 지원요건 해당자) ○ 양로시원 : 무의탁자(남자 65세, 여자 60세 이상) ○ 보훈요양원 및 민간요양시설 이용 　- 의료수급자 및 기타감경자에 한해 본인일부부담금의 60% 지원 ○ 보훈재가복지지원(국가보훈처장이 정한 소득인정액 기준 해당자) 　- 65세이상 독거 또는 노인부부세대 중 거동불편자 ○ 주민등록·인감증명·가족관계증명 등 제증명 발급수수료 면제 ○ 협약콘도 감면이용(소노·한화·일성·칭풍·주문진·리솜) ○ 국내항공 요금 30% 할인(항공사별 할인요금 다를 수 있음)

12. 특수임무유공자

특수임무유공자의 적용 대상은 특수임무 사망자 또는 행방불명자, 부상자, 공로자 등이며, 유가족의 적용 범위는 배우자(1순위), 자녀(2순위), 부모(3순위), 성년인 직계비속이 없는 조부모(4순위), 60세 미만의 직계존속과 성년인 형제자매가 없는 미성년 제매(5순위)순이다. 특수임무유공자란 1948년 ~ 2002년 상이 첩보부대에 소속되어 특수임무를 하였거나 교육훈련을 받은 자이다.

○ 특수임무유공자

구분	세부수혜내용
교육 지원	○ 대상 　- 특수임무유공자(공로자, 부상자) 본인 및 그 자녀 　- 특수임무사망자 또는 행방불명자의 배우자 및 자녀 　※ 특수임무공로자 본인 및 그 자녀는 소득인정액이 기준금액 대비 100% 이하자만 지원 　※ 2016.6.23. 이후 등록신청한 특수임무공로자의 자녀는 만30세 이전 교육기관에 취학(입학,재입학,편입학)한 경우에만 지원 　※ 2016.6.23. 이후 등록신청한 특수임무부상자 7급상이자의 자녀는 소득인정액이 치장 고시 기준금액 대비 125% 이하 ○ 내 용 　- 수업료 등 면세 : 본인, 자녀(중·고·대학교) 　- 학습보조비 지급 : 본인(중·고·대학교), 자녀(중·고등학교)
취업 지원	○ 보훈특별고용 : 본인, 배우자, 부모 및 35세 이하인 자녀 3인까지 ○ 가점취업, 직업훈련 : 본인, 배우자, 부모, 자녀 　※ 2016.11.30. 이후 등록신청자 : 보훈특별고용·일반직등 특별채용 취업은 자녀 1명으로 제한(1인당 취업지원 횟수 3회로 제한) 　※ 2016.11.30. 이후 등록신청자 : 부모, 비상이자 및 상이 7급 자녀 취업지원 비대상
의료 지원	○ 특수임무부상자(진·공상) 　- 보훈병원 및 위탁병원 진료 : 본인(국비) 　※ 2016.6.23. 이후 등록신청 7급상이자 상이처외 질환 10%본인부담(단, 전·공상군경으로 지원을 받는 경우 2012.7.1 이후 등록신청 7급 상이자 상이처의 질환 10%본인부담) 　- 보철구 지급 ○ 응급진료 : 입원한 날부터 14일 이내 보훈관서 신고 　· 14일경과 3년 이내 신고시 처음 입원한날부터 14일의 진료비만 지원 ○ 등록신청 시부터 결정 이전 : 보훈병원에서 진료(진료비 선 납부 후 정산) ○ 특수임무공로자 및 특수임무유공자의 유가족 　- 보훈병원 진료 : 유·가족(60% 감면) 　※ 2016. 6. 23. 이후 등록신청하는 특수임무유공자 유가족은 배우자 또는 선순위자 1명으로 제한(다만 선순위자가 부 또는 모인 때에는 부,모 모두 포함)
대부 지원	○ 대상 : 본인 및 선순위 유족 ○ 주택(구입,임차,개량), 아파트 분양, 사업, 농토구입, 생활안정대부 　- 대부한도액 : 300~6,000만원까지(연 2~3%)
주택 우선공급	○ 신규건설·공급주택 우선공급 : 분양 5%, 임대 10%(공급물량기준) ○ 기존주택 매입·전세임대주택 : 2%(공급물량기준)
기타 지원	○ 양로지원 : 무의탁자(남자 65세, 여자 60세 이상, 단 부상자는 남자 60세, 여자 55세 이상) 　※ 유공자 본인 입소 시 배우자 동시 입소 가능(남자 60세, 여자 55세 이상) ○ 양육지원 : 미성년자녀 및 미성년제매 중 부양의무자가 없는 자 ○ 보훈요양원 및 민간요양시설 이용 : 생활수준 고려 　- 부상자 : 본인일부부담금의 80% 지원 　- 기타 대상자와 자녀를 제외한 선순위 유족 : 본인일부부담금의 60% 또는 40% 지원 ○ 보훈재가복지서비스 지원 : 지원요건 해당자 ○ 고궁 등 무료이용/병약로도 감면이용(소노·한화·일성·청룡·주문진·리솜) ○ 주민등록·인감증명·가족관계증명 등 제증명 발급수수료 면제 ○ 영구용태극기·대통령명의 근조기 증정 ○ 생계곤란 국가유공자 장례서비스 지원(유공자 본인 사망시, 지원요건 해당자)

V.

상이처 및 유형별 국가보훈대상자 요건심사 및 상이등급 판정 사례

V. 상이처 및 유형별 국가보훈대상자 요건심사 및 상이등급 판정 사례

1. 뇌출혈(뇌졸중): 보훈보상대상자(재해부상군경) 6급

상이처(질병)	뇌출혈(뇌졸증), 편측마비	자격요건	보훈보상대상자(재해부상)
신분	군인(병사)	상이급수	6급
특이사항	군 체육활동(전투체육) 중 특이 외상력 없이 갑자기 발병되어 후송 조치됨.		

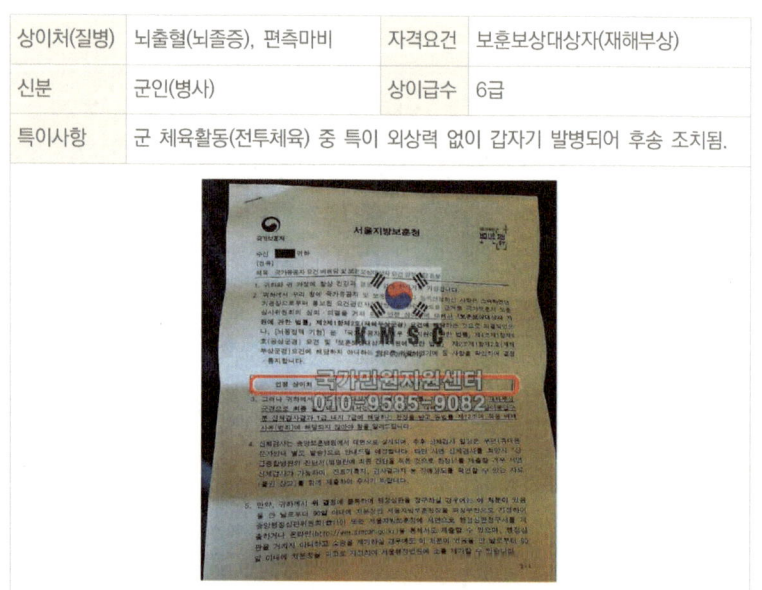

☞ ○○○님의 경우, 의무복무자로서 전투체육활동 중에 발병한 뇌출혈로 국가보훈심사를 진행한 결과, 뇌출혈로 보훈보상대상자(재해부상군경) 요건의 기준 및 범위 제16호에 해당하는 것으로 통보를 받았다.

입대 이전에 관련 병력이 없었고, 전투체육 전후의 기상 상황, 상이에 대한 적절한 지휘 조치의 미흡, 최근 과로작업 등이 있었던 것이 참작되었다.

2. 뇌척수염(뇌염): 국가유공자(공상군경) 6급 2항 → 5급

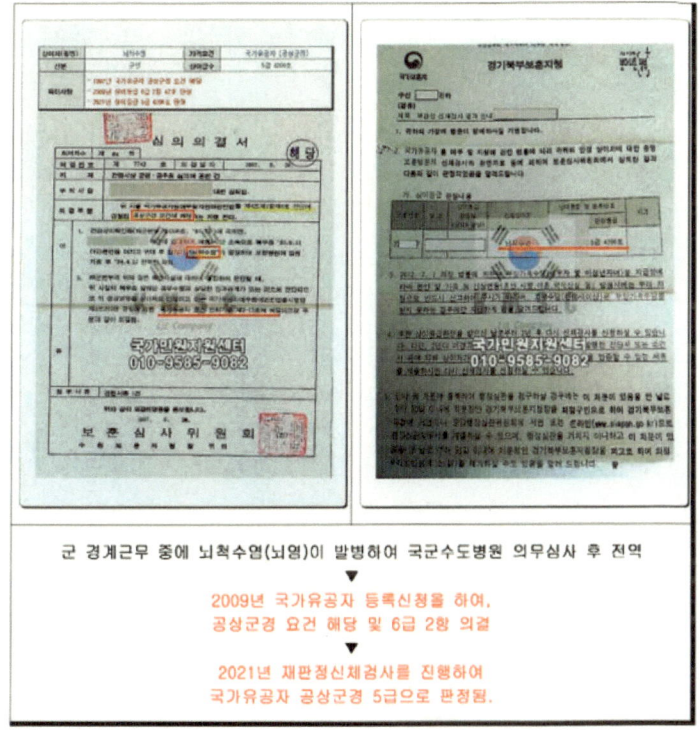

군 경계근무 중에 뇌척수염(뇌염)이 발병하여 국군수도병원 의무심사 후 전역
▼
2009년 국가유공자 등록신청을 하여,
공상군경 요건 해당 및 6급 2항 의결
▼
2021년 재판정신체검사를 진행하여
국가유공자 공상군경 5급으로 판정됨.

☞ ○○○님의 경우, 군 경계근무 중 뇌척수염(뇌염)이 발병하여 국군병원 등에서 치료를 받고 의병전역을 하였으며, 1997년 최초 국가유공자 등록신청을 하여 요건에는 해당이 되었으나, 상이등급 기준미달로 판정되었다.

2009년 재확인신체검사를 진행하여 6급 2항으로 의결이 되었으며, 2021년 재판정신체검사를 진행하여 5급으로 등급 상향되었다.

3. 뇌염(간질): 보훈보상대상자(재해부상군경) 5급

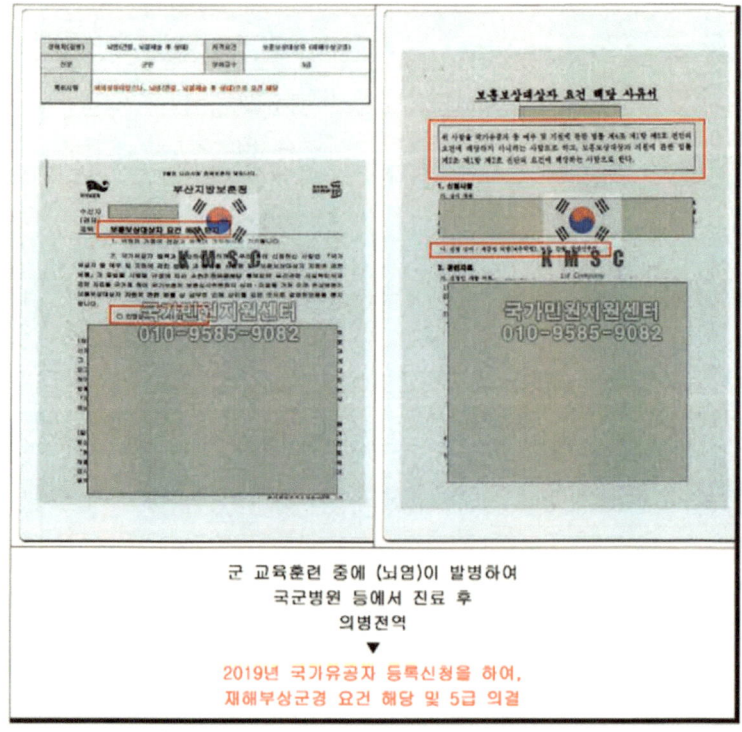

☞ ○○○님의 경우, 군 교육훈련 중에 뇌염(간질)이 발병하여 국군 병원 등에서 뇌절제술 등을 시행받고 의병전역을 하였으며, 2017년 국가유공자 등록신청을 하여 재해부상군경 요건에는 해당이 되었다.

상이등급 구분 신체검사에서는 뇌의 절제술 후 상태로 노동력이 일반 평균인들보다 현저히 저하되었다는 점이 참작되어 5급으로 판정되었다.

4. 좌측 이명: 국가유공자(공상군경) 7급

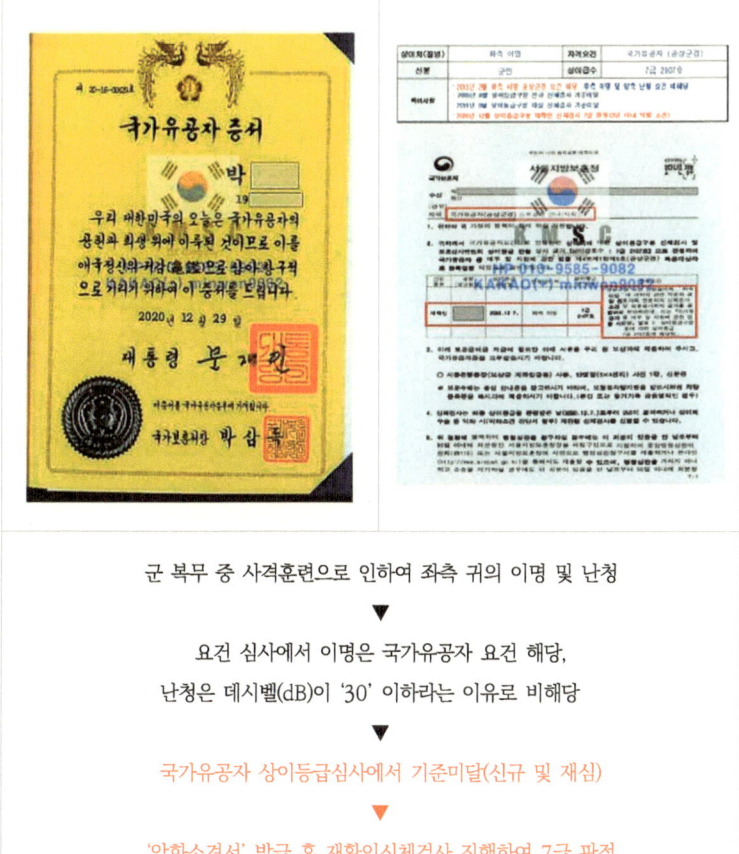

군 복무 중 사격훈련으로 인하여 좌측 귀의 이명 및 난청

▼

요건 심사에서 이명은 국가유공자 요건 해당,
난청은 데시벨(dB)이 '30' 이하라는 이유로 비해당

▼

국가유공자 상이등급심사에서 기준미달(신규 및 재심)

▼

'악화소견서' 발급 후 재확인신체검사 진행하여 7급 판정

☞ ○○○님의 경우, 육군 ○○부대 소속으로 사격훈련 중 이명 및 난청 증세가 발생하여 국군대구병원에서 진료를 하였으나, 특별한 치료 방법이 없다는 이유로 더 이상 진료를 하지 않고 만기전역을 하였다.

국가유공자 요건 심사에서 좌측 귀의 이명은 해당이 되었으나, 난청은 비해당 처분을 받았고, 상이등급 신체검사에서 기준미달 판정을 받았다. 2년이 경과하지 않은 상태에서 상이처에 대한 '악화소견서' 발급 후 재확인신체검사를 진행하여, 좌측 귀의 이명으로만 7급 판정을 받을 수 있었다.

5. 외상 후 스트레스장애(PTSD): 국가유공자 공상군경

☞ ○○○님의 경우, ○○○부대 소속으로 복무를 하던 중 불법 조업 중이던 중국어선을 나포하기 위하여 작전을 수행하던 중 불가피한 사유로 부대원들과 함께 침몰사고가 발생하여 사망자 및 부상자가 다수 발생하였다. 사고 당시의 후유증으로 장기간 치료를 하였음에도, PTSD 증상이 지속되어 국가보훈심사를 진행한 결과, 국가유공자 공상군경으로 해당이 되었다.

6. 우측 견관절 관절와순파열: 국가유공자(공상군경) 7급

상이처(질병)	우측 견관절 전방 관절와순 파열	자격요건	국가유공자(공상군경)
신분	군인(장교)	상이급수	7급

특전사 소속 간부로 정기 강하훈련 중 낙상하면서, 우측 견관절 부상

▼

전역 6개월 이전부터 준비하여, 전역 이전에 보훈심사 등록함

▼

2021년 국가유공자 공상군경 요건 해당 및 21년 11월 7급 판정됨

☞ ○○○님의 경우, 특전사 소속 간부로 정기 강하훈련 중에 발병한 우측 견관절 상이로 국군수도병원과 민간병원 등에서 진료를 받고 정년 전역을 하였다. 교육훈련 중에 외상에 의해 급성으로 발병하였던 관계로 국가유공자 공상군경으로 해당이 되었으며, 상이등급 구분 신체검사도 보훈병원 수검 전후에 철저하게 소명하여 한 번에 7급 판정을 받을 수 있었다.

7. 우측 견관절 습관성 탈구: 국가유공자 공상군경 7급

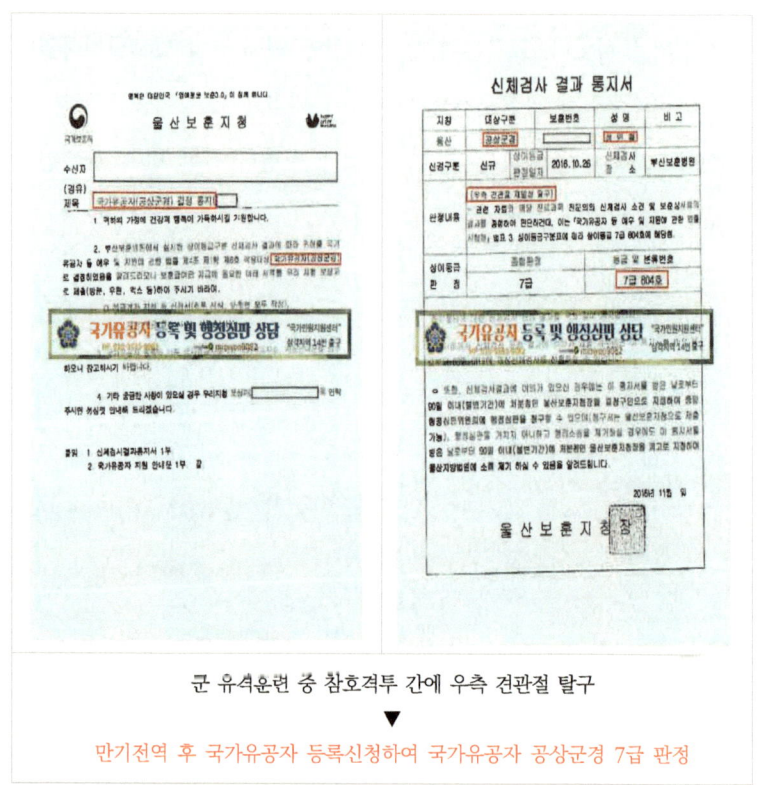

군 유격훈련 중 참호격투 간에 우측 견관절 탈구
▼
만기전역 후 국가유공자 등록신청하여 국가유공자 공상군경 7급 판정

☞ ○○○님의 경우, ○○부대 소속으로 유격훈련의 일환으로 실시하는 참호 격투 중에 우측 견관절이 최초 탈구가 되어, 군의관의 정복 후 국군원주병원에서 약 3개월 동안 입원 치료를 받았으나, 탈구 증세가 간헐적으로 나타났다. 전역 후 국가보훈심사를 진행하여 국가유공자 공상군경 7급 판정을 받았다.

8. 어깨 쇄골 골절: 보훈보상대상자 재해부상군경 7급

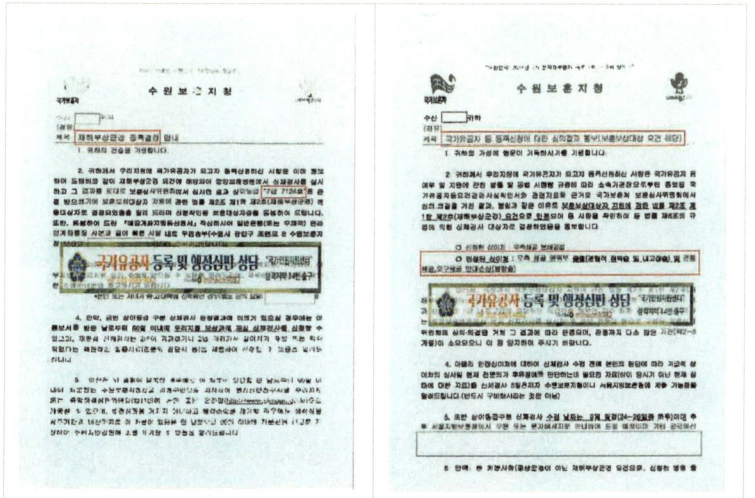

☞ ○○○님의 경우, 수송부 운전병으로 복무를 하던 중 ○○검열을 위하여 정비를 하던 중 낙상하면서 우측 쇄골에 부상을 입고 국군부산병원에서 수술적 치료를 받고, 부대로 복귀 후 잔여 군 생활을 하고 만기전역을 하였다. 전역 후에도 후유증이 잔존하여 국가보훈심사를 진행한 결과, 보훈보상대상자 재해부상군경 7급 7124호로 의결되었다.

9. 경추간판탈출증(C5-6): 보훈보상대상자(재해부상군경) 7급

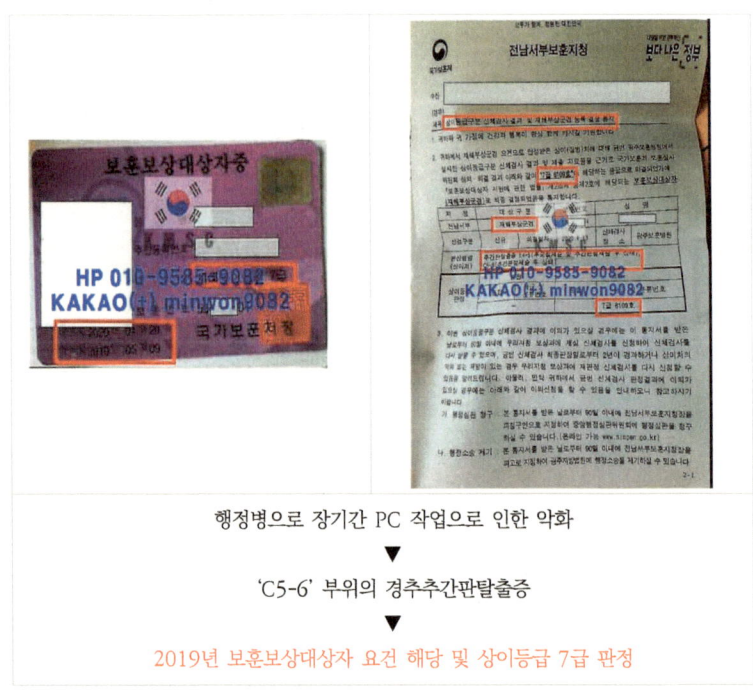

행정병으로 장기간 PC 작업으로 인한 악화
▼
'C5-6' 부위의 경추추간판탈출증
▼
2019년 보훈보상대상자 요건 해당 및 상이등급 7급 판정

☞ ○○○님의 경우, 국방부 소속 PC 행정병으로 복무를 하던 중 장기간 반복적으로 고정된 자세로 행정업무를 수행한 관계로 경추 염좌가 경추간판탈출증으로 악화가 되어 결국, 의병 전역을 하였다. 전역 후에도 민간 병원에서 입원 및 보존적 치료를 시행받았으나 호전이 되지 않았고, 좌측 팔의 저림 증상이 지속되어 국가유공자 등록 신청을 진행한 결과, 보훈 보상대상자 재해부상군경 7급 판정을 받았다.

10. 우측 2-3 수지(손가락) 파열: 보훈보상대상자(재해부상군경) 7급

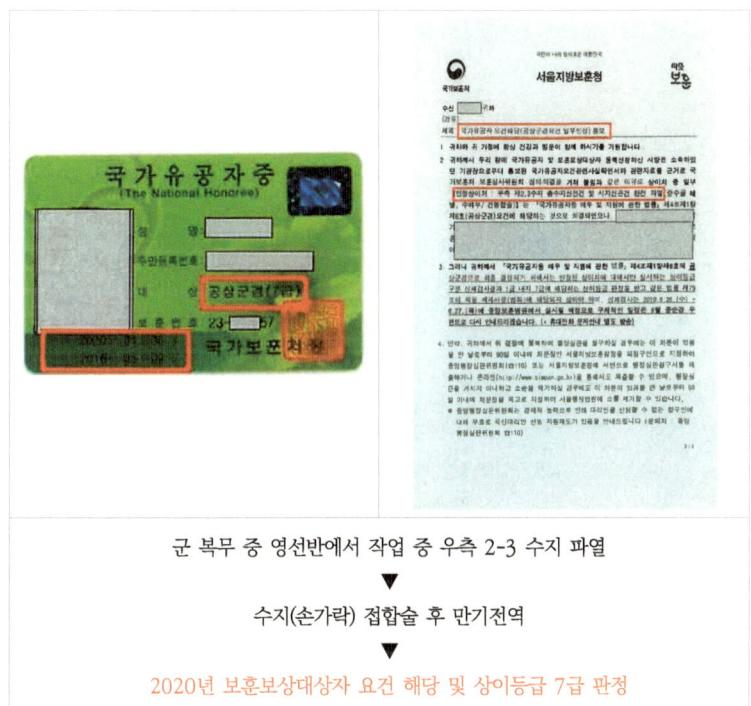

군 복무 중 영선반에서 작업 중 우측 2-3 수지 파열
▼
수지(손가락) 접합술 후 만기전역
▼
2020년 보훈보상대상자 요건 해당 및 상이등급 7급 판정

☞ ○○○님의 경우, 육군 ○○부대 소속 영선반에서 작업을 하던 중 불가피한 사고로 우측 2-3수지가 파열되는 사고가 발생하였고, 응급으로 국군강릉병원에서 수술적 치료를 시행하였다. 만기전역 후에도 민간 병원에서 재활을 시행하였으나, 기능 장애가 지속되어 국가유공자 등록 신청을 진행한 결과, 보훈보상대상자 재해부상군경 7급 판정을 받았다.

11. 좌측 팔의 요골, 척골 부상: 국가유공자(공상군경) 6급

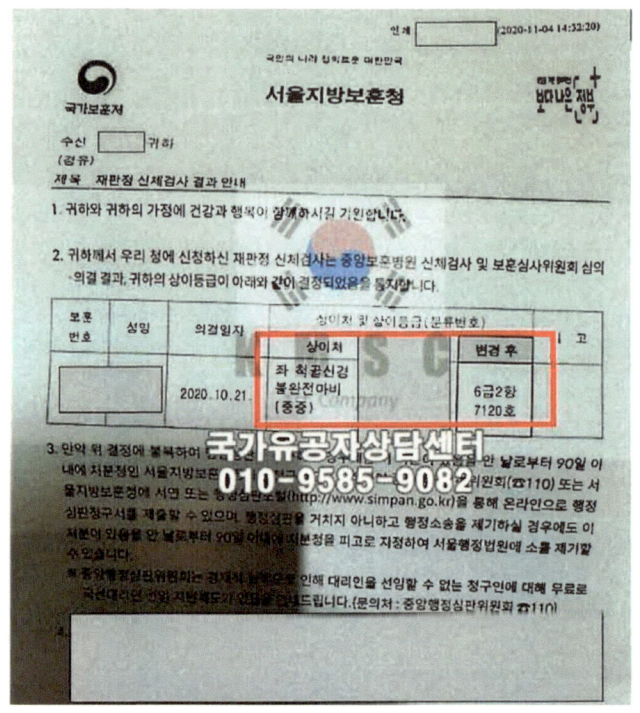

☞ ○○○님의 경우, 군 중형차량 운전병으로 복무를 하며 훈련을 받던 중 교통사고가 발생하여 좌측 팔의 요골 및 척골에 부상을 입고 핀고정술 등을 시행받았고, 장기간 입원치료를 하였다. 비록 의병전역을 하지 않았으나 팔의 저림 증상이 전역 후에도 지속되었고 이에 보훈심사를 신청하여 국가유공자 7급 판정을 받았으며, 상이처가 악화되어 재판정 신체검사를 진행하여 6급 2항 7120호로 의결되었다.

12. 다발성 골절 및 파열(뇌기저골, 비골, 하악골, 골반, 안구, 요도 등): 국가유공자 6급

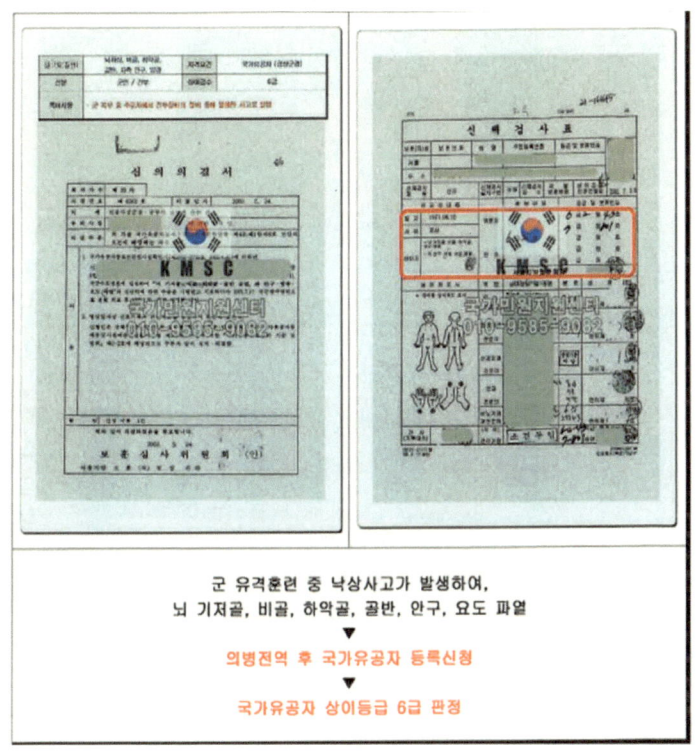

☞ ○○○님의 경우, 군 유격훈련 중에 낙상사고가 발생하여 국군수도병원에서 입원 및 수술적 치료를 받고 의병전역을 하였다. 전역 후 접수한 국가유공자 등록신청에서 뇌 기저골 기준미달, 하악골 기준미달, 비골 기준미달, 안구 기준미달 등으로 의결되었으나, 배뇨 장애 등이 참작되어 6급 판정을 받았다.

13. 좌측 팔(요골)의 총상: 국가유공자 공상군경 6급

GOP 경계 근무 중 총기 오발 사고
▼
좌측 팔의 총상에 대하여 응급수술 후 장기간 입원
▼
2020년 국가유공자 공상군경 6급 2항 판정

☞ ○○○님의 경우, ○○부대 소속으로 GOP 경계작전에 투입되어 임무를 수행하던 중 부사수의 실수로 인한 총기 오발 사고로 좌측 총상을 당하고, 국군수도병원에서 응급수술을 시행하였다. 수술 후 잔여 군 복무를 마치고 만기전역을 하였으며, 나이가 들수록 좌측 팔의 저림 증상이 심화되어 국가유공자 등록 신청을 진행한 결과, 국가유공자 공상군경 6급 2항으로 의결되었다.

14. 추간판탈출증(L4-5): 보훈보상대상자(재해부상) 7급

상이처(질병)	추간판탈출증(L4-5)	자격요건	보훈보상대상자(재해부상군경)
신분	군인 / 사병	상이급수	7급 6109호
특이사항	① 2005년 10월: 국가유공자 요건 해당(제2-2호) ② 2008년 2월: 상이등급 구분 신체검사 기준미달(1차) ③ 2015년 1월: 보훈보상대상자로 요건 변경 ④ 2015년 5월: 상이등급 구분 신체검사 기준미달(2차) ⑤ 2017년 1월: 상이등급 구분 신체검사 기준미달(3차) ⑥ 2019년 11월: 상이등급 구분 신체검사 기준미달(4차) ※ 2020년 6월 센터에 의뢰하였으나, 상이등급 미달 후 2년이 경과하지 않은 관계로 민간 병원에서 진료 후 재확인 신체검사 진행 ⑦ 2021년 6월: 상이등급 7급		

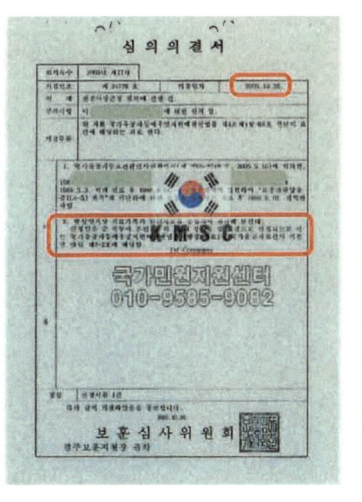

```
             군 복무 중 추간판탈출증 발병하여
        해군포항병원과 국군수도병원에서 치료 및 의병전역
                            ▼
            ① 2005년 국가유공자 요건 해당 후 기준미달
                            ▼
            ② 2015년 보훈보상대상자 해당 후 기준미달
                            ▼
              ③ 2017년 재확인신체검사 기준미달
                            ▼
              ④ 2019년 재확인신체검사 기준미달
                            ▼
         ⑤ 2021년 8월 재확인 신체검사 결과, 상이등급 7급 6109호 판정
```

☞ ○○○님의 경우, 추간판탈출증(L4-5)으로 수술적 치료를 받은 관계로 당연히 급수를 받을 것이라 생각하고 보훈심사를 진행하였으나, 혼자서 4번이나 상이등급 기준미달 결정을 받았다. 2021년 초부터 재확인 신체검사를 진행하여, 보훈병원 수검 이전에 의학자료 등을 준비하여 수검을 한 결과, 7급 6109호 판정을 받았다.

15. 추간판탈출증(L4-5): 보훈보상대상자(재해부상) 7급

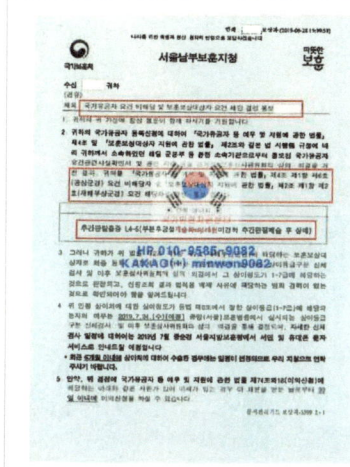 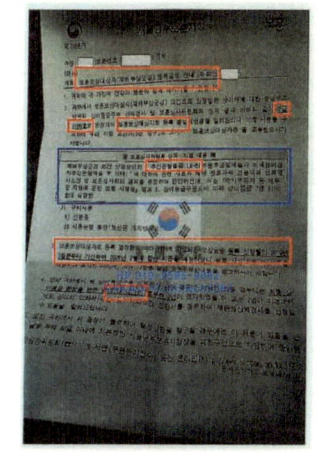

군 복무 중에 발병한 추간판탈출증(L4-5)으로 수술적 치료 후 의병전역
▼
2007년 국가유공자 공상군경 요건에 해당되었으나, 신체검사 기준미달
▼
2019년 재확인 신체검사 진행, 직권 재심사
▼
2020년 보훈보상대상자 7급 6109호 판정

☞ ○○○님의 경우, 해병대 복무 중 추간판탈출증이 발병 및 악화되어 수술적 치료를 받고 의병전역을 하였으며, 전역 후 국가유공자 공상군경에는 해당이 되었으나 신체검사에서는 기준미달 판정을 받았다. 2019년 재확인 신체검사를 진행하여, 국가유공자법 개정으로 인하여 요건심사부터 다시 진행한 결과, 재해부상군경 요건 해당 후 상이등급 7급 판정을 받았다.

16. 추간판탈출증(L5-S1): 보훈보상대상자(재해부상) 7급

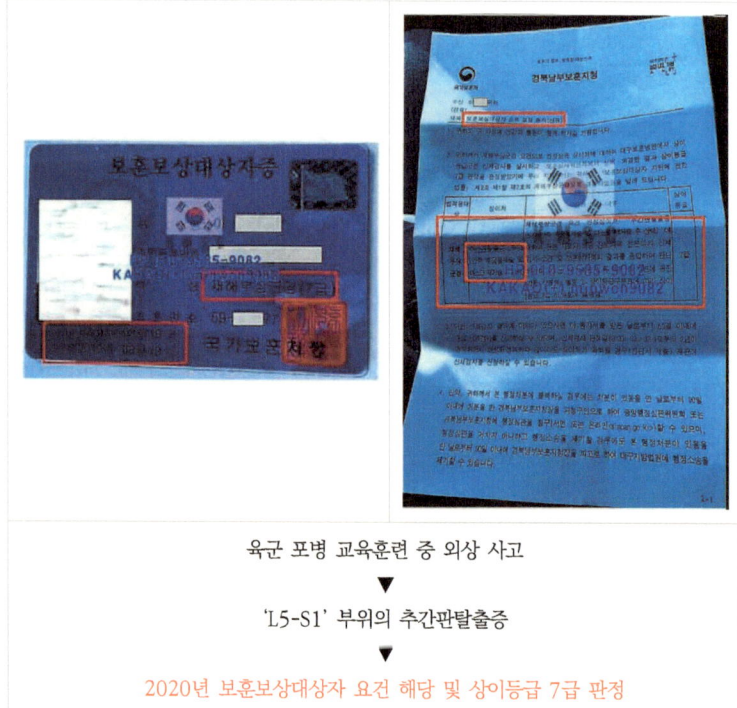

육군 포병 교육훈련 중 외상 사고
▼
'L5-S1' 부위의 추간판탈출증
▼
2020년 보훈보상대상자 요건 해당 및 상이등급 7급 판정

☞ ○○○님의 경우, 육군 포병 부대 소속으로 교육훈련 중 포탑에서 떨어지면서 척추 마비 증세가 발생하여 국군춘천병원에서 입원 및 보존적 치료를 시행받고, 전역을 하였다. 수술 후 잔여 군 복무를 마치고 만기전역을 하였으며, 좌측 다리의 저림 증상이 지속되어 국가유공자 등록 신청을 진행한 결과, 보훈보상대상자 재해부상군경 7급 판정을 받았다.

17. 척추전방전위증 & 척추분리증: 보훈보상대상자 (재해부상) 해당 및 7급 판정

상이처 (질병)	L5-31 척추전방전위증을 동반한 척추분리증 L5 (유합술 후 상태)	자격요건	보훈보상대상자 (재해부상군경)
신분	군인	상이급수	7급
특이 사항	- 2000년 7월 국가유공자 요건 1차 비해당 '척추분리증은 선천적 질환' - 2015년 10월 국가유공자 및 보훈보상대상자 2차 비해당 '외상력 및 상당 악화 소견 없음' - 2021년 1월 보훈보상대상자(재해부상군경) 요건 해당 '자연결과적 진행속도 미상의 상당 악화'		

군 복무 중에 발병한 척추분리증 및 척추전방전위증으로
유합술을 받고, 의병전역
▼
2008년 7월 국가보훈심사를 신청하였으나,
선천적 질환이라는 이유로 비해당
▼
2015년 국가보훈심사를 다시 신청하였으나,
특이 외상력이 없다는 이유로 비해당
▼
2021년 보훈보상요건 해당 및 상이등급 7급 판정

☞ ○○○님의 경우, 2008년과 2015년에 본인이 국가보훈심사를 진행하였으나 척추분리증은 선천적 질환이고, 특이 외상력이 없다는 이유로 비해당되었다. 2020년 센터에서 다시 진행하여 2021년 재해부상군경 요건 해당 및 상이등급 7급 판정을 받았다.

18. 척추(L1) 압박 골절: 국가유공자 공상군경 7급

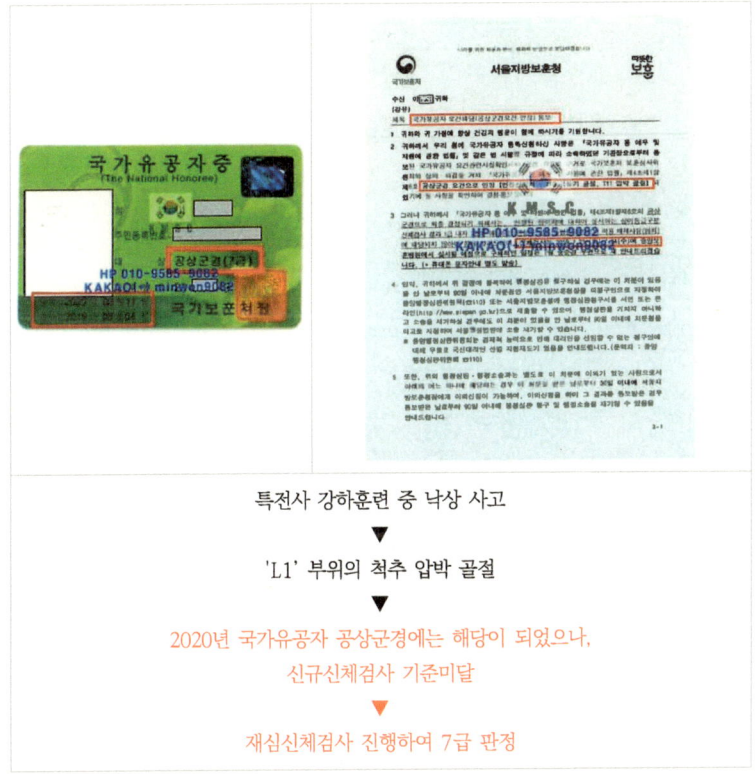

특전사 강하훈련 중 낙상 사고
▼
'L1' 부위의 척추 압박 골절
▼
2020년 국가유공자 공상군경에는 해당이 되었으나,
신규신체검사 기준미달
▼
재심신체검사 진행하여 7급 판정

☞ ○○○님의 경우, 특전사 소속 부사관으로 복무를 하던 중 정기 강하훈련 중 낙상사고가 발생하여 국군수도병원에서 입원 및 보존적 치료를 시행받고, 정년 전역을 하였다. 수술 후 잔여 군 복무를 마치고 만기전역을 하였으며, 나이를 먹을수록 좌측 팔의 저림 증상이 심화되어 국가유공자 등록 신청을 진행한 결과, 국가유공자 공상군경 6급 2항으로 의결되었다.

19. 우측 대퇴부골절 등: 국가유공자 공상군경 5급

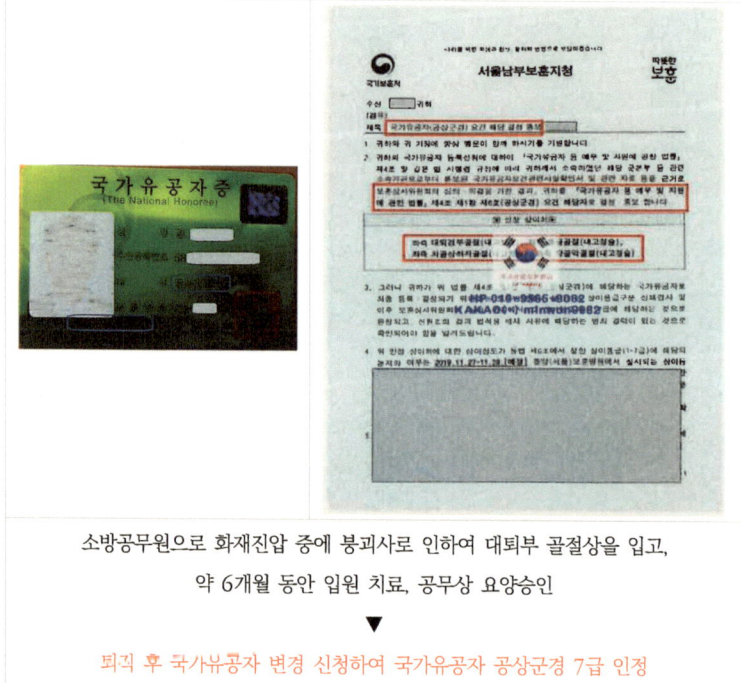

소방공무원으로 화재진압 중에 붕괴사로 인하여 대퇴부 골절상을 입고,
약 6개월 동안 입원 치료, 공무상 요양승인

▼

퇴직 후 국가유공자 변경 신청하여 국가유공자 공상군경 7급 인정

☞ ○○○님의 경우, ○○소방서 소속으로 근무를 하던 중 화재진압 중에 낙상사고가 발생하여 대학병원으로 응급 후송 및 수술적 치료를 받았고, 복귀 후 소방공무원으로 근무를 하다가 2019년 퇴직을 하였다. 공상공무원의 경우 보훈급여금이 없는 관계로 공상군경 국가유공자로 변경하는 심의를 진행한 결과, 국가유공자 공상군경 5급 판정을 받았고 보훈연금도 당연히 받게 되었다.

20. 대퇴골두 무혈성괴사: 보훈보상대상자(재해부상군경)

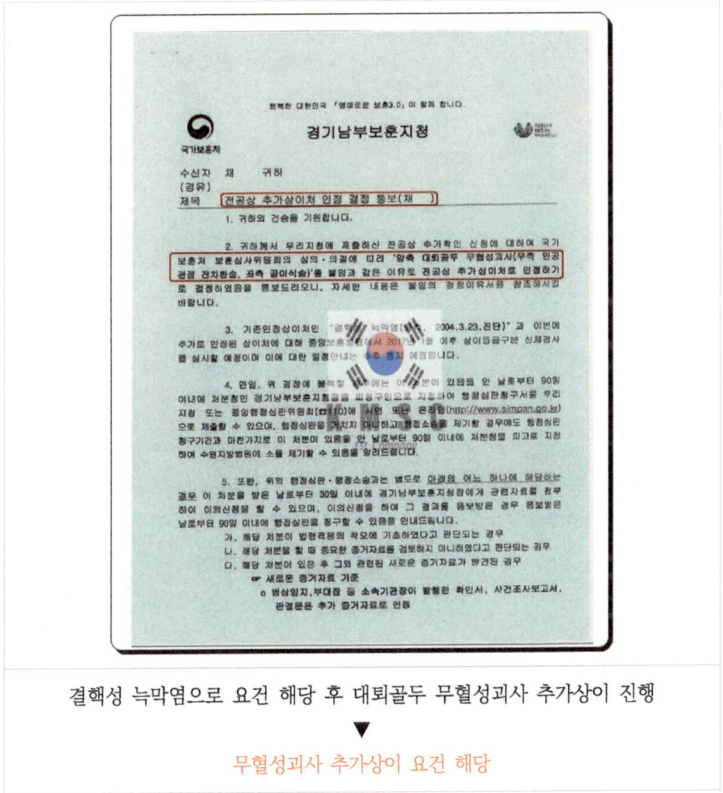

결핵성 늑막염으로 요건 해당 후 대퇴골두 무혈성괴사 추가상이 진행
▼
무혈성괴사 추가상이 요건 해당

☞ ○○○님의 경우, 결핵성 늑막염으로 본인이 진행하여 요건 해당을 받았으나 무혈성괴사는 비해당 처분을 받았다. 무혈성괴사의 경우 자가면역질환으로 분류하는 관계로 공무 중 상이로 인정받는 것이 매우 어려우나, 의학적 인과관계 등을 다시 소명하여 보훈보상대상자(재해부상군경)으로 해당이 되었다.

21. 우측 슬관절 전방십자인대파열: 보훈보상대상자 (재해부상군경) 7급

상이처 (질병)	우측 슬관절 전방십자인대파열, 후외측 회전 불안정성	자격요건	보훈보상대상자(재해부상군경)
신분	군인	상이급수	7급 8122호
특이사항	좌측 건측과 우측 환측의 동요가 10mm미만이었음에도 불구하고, 7급 8122호로 의결		

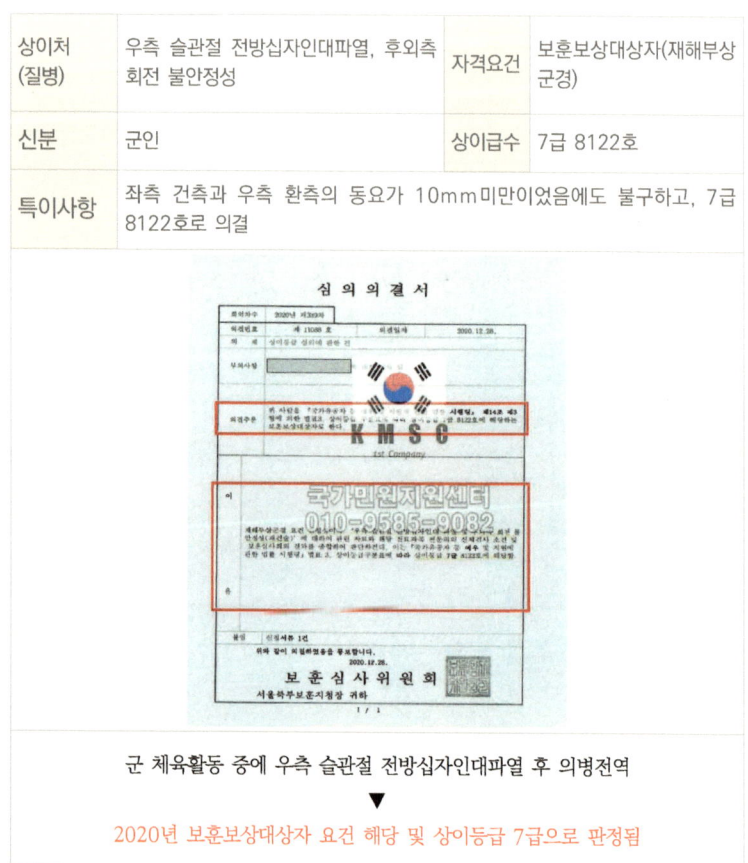

군 체육활동 중에 우측 슬관절 전방십자인대파열 후 의병전역
▼
2020년 보훈보상대상자 요건 해당 및 상이등급 7급으로 판정됨

☞ ○○○님의 경우, 군 체육활동(풋살) 중에 발병한 우측 슬관절 전방십자인대파열로 인대재건술을 받고, 의병전역을 하였으며, 2020년 전역 후 국가보훈심사를 진행한 결과, 재해부상 군경 요건 해당 및 상이등급 7급 8122호로 판정되었다.

22. 좌측 슬관절 반월상연골 파열: 보훈보상대상자 (재해부상군경) 7급

상이처 (질병)	좌측 슬관절 반월상연골 파열(절제술)	자격요건	보훈보상대상자(재해부상군경)
신분	군인	상이급수	7급 8122호
특이사항	-1995년 국가유공자 상이등급 구분 신체검사에서 기준미달 판정 -2020년 12월 보훈보상대상자 재해부상군경으로 요건 변경 -2021년 1월 보훈보상대상자 재해부상군경 7급 판정		

군 작업 중 넘어지면서 좌측 무릎에 부상
▼
국군고양병원 진료 후 민간병원에서 수술적 치료
▼
의병전역 대상이었으나, 부동의하고 만기전역
▼
2020년 재해부상군경 요건 해당 및 상이등급 7급으로 판정됨

☞ ○○○님의 경우, 군 제설작업 중에 넘어지면서 좌측 슬관절에 외상을 입고, 국군고양병원에서 진료 후 민간 병원에서 연골 절제술을

시행하였으며, 전역이 임박하여 만기전역을 하였다. 상이가 경미하다고 판단하여 보훈심사를 신청하지 않았으나, 지속되는 통증 및 무릎의 퇴행성 변화로 보훈심사를 의뢰 및 진행하였고, 재해부상군경 7급으로 의결이 되었다.

23. 우측 무릎 인대 및 연골 파열: 보훈보상대상자 → 국가유공자 변경

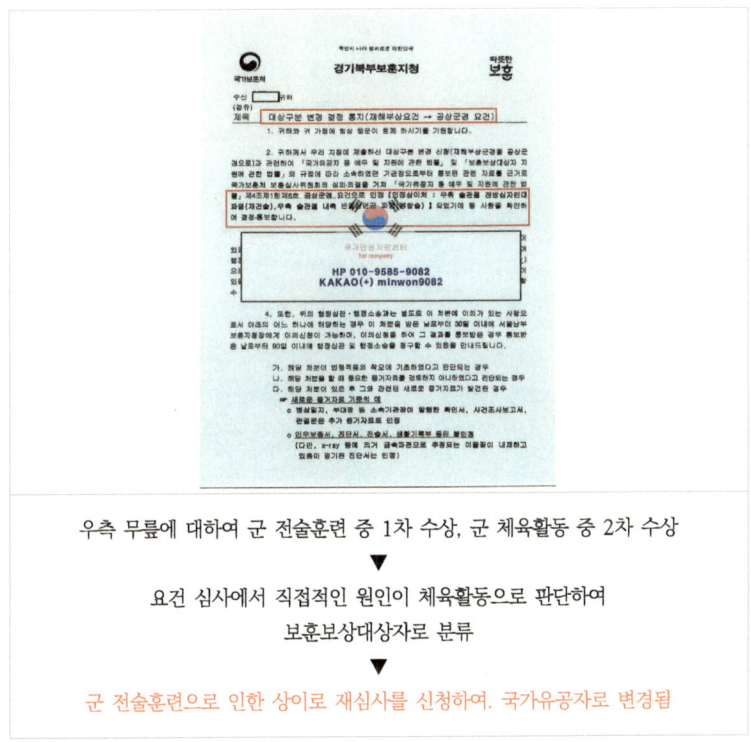

우측 무릎에 대하여 군 전술훈련 중 1차 수상, 군 체육활동 중 2차 수상
▼
요건 심사에서 직접적인 원인이 체육활동으로 판단하여
보훈보상대상자로 분류
▼
군 전술훈련으로 인한 상이로 재심사를 신청하여, 국가유공자로 변경됨

☞ ○○○님의 경우, ○○부대 소속으로 야외 전술훈련 중에 넘어지면서 우측 무릎에 외상이 가해졌고 국군병원 진료 결과 염좌로 판단하여 보존적 치료를 받고 군 생활을 계속하던 중 체육활동 중 넘어지면서 같은 부위를 다시 다쳤다. 전역 후 국가보훈심사를 진행하여 보훈보상대상자로 분류가 되었으나, 구분변경심사를 진행하여 국가유공자 공상군경으로 변경되었다.

24. 우측 족관절 골절: 보훈보상대상자(재해부상군경) 6급 2항

이○○님의 경우, 군 체육활동 중 우측 족관절 골절
▼
2015년 보훈보상대상자 요건 해당되었으나, 상이등급 기준미달
▼
2018년 재확인 신체검사를 진행하였으나, 상이등급 기준미달
▼
2019년 재확인 신체검사를 진행하였으나, 상이등급 기준미달
▼
2021년 재확인 신체검사를 진행한 결과, 6급 2항 8121호 판정

☞ ○○○님의 경우, 군 체육활동 중 우측 족관절에 상이를 입고 군병원에서 치료를 받았으므로 보훈보상대상자(재해부상군경) 요건에는 해당이 되었으나, 상이등급 신체검사에서는 3번 기준미달 판정을 받았다.

이후 국가민원지원센터와 상담을 하고, 2020년부터 재확인 신체검사를 병원 진료와 병행하며 다시 준비한 결과, 4번째 신체검사에서 재해부상군경 6급 2항 판정을 받을 수가 있었다.

25. 우측 족관절 삼과 골절: 국가유공자(공상군경) 7급

상이처 (질병)	우측 족관절 삼과 골절 우측 후견갑골 파열	자격요건	국가유공자 (공상군경)
신분	군인/카투사	상이급수	7급 8122호
특이 사항	한국군근무지원단(카투사)에서 아침 점호 행사 중 체력단련 중 우측 족관절에 부상을 당함 → 보훈보상대상자로 분류될 가능성이 있었으나 국가유공자로 분류가 됨 신규 신체검사부터 의학자료를 철저하게 준비하여 7급 판정됨		

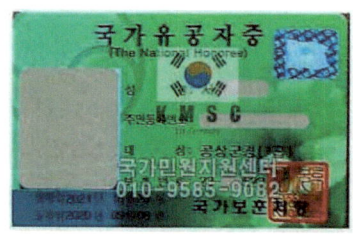 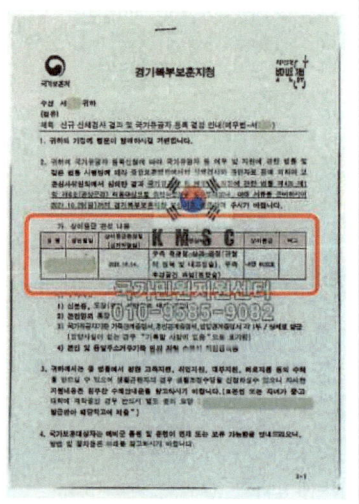

한국군 근무지원단에서 복무 중 아침 점호 행사 중 우측 족관절 삼과 골절되어 민간병원과 국군수도병원에서 치료 및 만기전역

▼

아침 점호 행사 중 체력단련 중 상이가 발병되어, 보훈보상대상자로 분류될 소지도 있었으나, 국가유공자 공상군경 요건 해당

▼

2021년 10월 국가유공자 공상군경 상이등급 7급 8122호 의결됨

☞ ○○○님의 경우, 한국군근무지원단(카투사) 소속으로 복무를 하던 중 아침 점호 행사 중에 시행한 체력단련 중에 우측 족관절 삼과 골절이 되어 국군수도병원과 민간병원 등에서 진료를 받고 만기전역을 하였다. 체력단련 중에 발병한 상이였던 관계로 보훈보상대상자로 분류될 소지도 다분하였으나, 교육훈련의 일환이었다는 점이 인정되어 국가유공자 공상군경으로 해당이 되었고, 상이등급 구분 신체검사도 보훈병원 수검 전후에 철저하게 소명하여, 한 번에 7급 판정을 받을 수 있었다.

26. 폐결핵: 보훈보상대상자(재해부상군경) 6급 2항

상이처(질병)	폐결핵(중등도)	자격요건	보훈보상대상자 (재해부상군경)
신분	군인/ 하사	상이급수	6급 2항 5108호
특이사항	요건심사부터 상이등급 신체검사까지 사전에 철저하게 준비 후 진행		

○○○님의 경우, 군 복무 중 폐결핵이 발병
▼
국군마산병원에서 약물 및 격리치료 후 의병 전역
▼
2020년 국가보훈대상자 등록신청
▼
2021년 4월 보훈보상대상자 요건 해당
▼
2021년 10월 상이등급 6급 2항 5108호 판정

☞ ○○○님의 경우, 군 부사관으로 복무를 하던 중 폐결핵이 발병하여 국군마산병원에서 격리치료와 약물치료를 한 사실로 국가보훈보상대상자 심사 신청을 하였고, 보훈보상대상자(재해부상군경) 요건 해당 후 상이등급 구분 신체검사를 사전에 준비하여 수검을 한 결과, 6급 2항 판정을 받을 수가 있었다.

27. 결핵성 흉막염: 보훈보상대상자(재해부상군경) 6급 3항

상이처(질병)	결핵성 흉막염	자격요건	보훈보상대상자(재해부상군경)
신분	군인	상이급수	6급 3항
특이사항	신규 신체검사부터 철저하게 준비하여, 6급 3항 의결		

2009년 국가유공사 등록신청을 하였으나, 비해당 의결

▼

2020년 국가보훈대상자 신청을 하여, 보훈보상대상자로 요건 해당

▼

2021년 4월 보훈병원 신체검사 후 2021년 8월 6급 2항 의결

☞ ○○○님의 경우, 2009년 국가유공자 등록신청을 하였으나 상이처와 공무수행과의 의학적 인과관계가 없다는 이유로 비해당 의결되었다. 2020년 국가보훈대상자 심사를 다시 진행한 결과, 2021년 4월 보훈보상대상자 요건 해당, 2021년 8월 상이등급 6급으로 의결/통보되었다.

28. 위십이지장궤양 : 보훈보상대상자(재해부상군경) 7급

상이처(질병)	위절제 및 십이지장궤양	자격요건	보훈보상대상자(재해부상군경)
신분	군인	상이급수	7급 5111호
특이사항	군 입대 이전 7년 전부터 만성 궤양 소견으로 입대 전 위 관련 병력이 있었음 군 공무수행과 관련한 외상력이 확인되지 않으나 군 생활로 인하여 악화된 것으로 판단		

 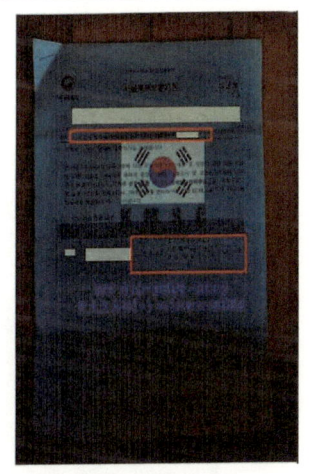

☞ ○○○님의 경우, 입대 후 24시간 통제된 생활을 하던 중 약 10개월이 경과한 기간부터 역류성 식도염 등의 증상이 지속되어 국군광주병원에서 진료한 결과, 위십이지장궤양 진단을 받고 시술 후 만기전역을 하였다. 전역 후에도 시술한 부위의 통증과 유착 증세가 지속되었고, 국가보훈심사를 진행한 결과 보훈보상대상자 재해부상군경 7급으로 인정되었다.

29. 복합부위통증증후군(CRPS): 국가유공자(공상군경) 6급

상이처 (질병)	복합부위통증증후군 (CRPS, 아랫다리)	자격요건	국가유공자(공상군경)
신분	군인	상이급수	8개 이상 증세 해당: 6급 진행 중
특이사항	군 전투장비 정비 중 외상에 의한 사고		

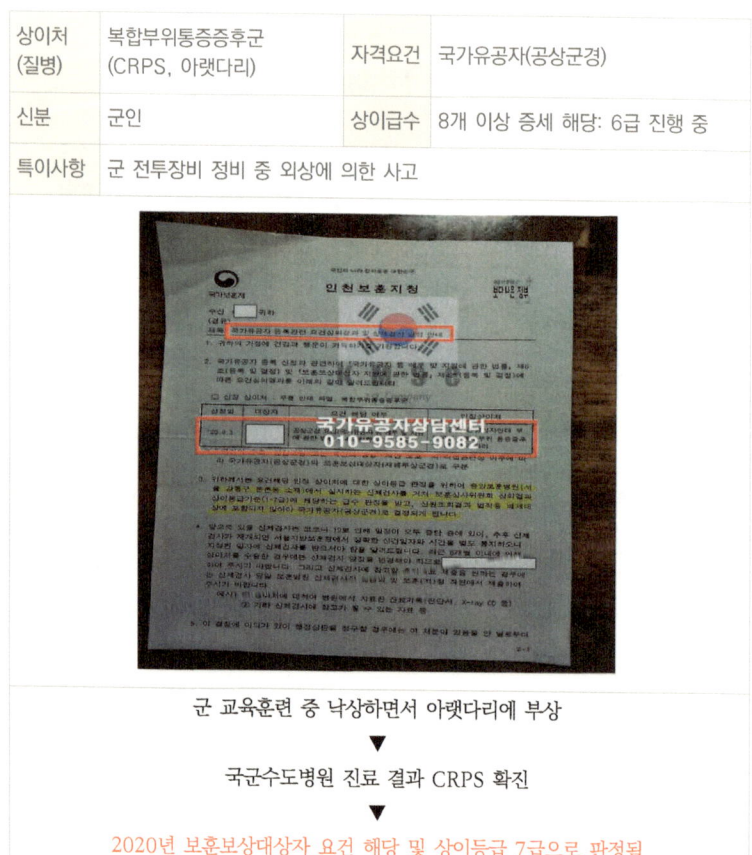

군 교육훈련 중 낙상하면서 아랫다리에 부상
▼
국군수도병원 진료 결과 CRPS 확진
▼
2020년 보훈보상대상자 요건 해당 및 상이등급 7급으로 판정됨

☞ ○○○님의 경우, 군 교육훈련 중에 낙상 후 발병한 복합부위통증증후군으로 공상군경 요건 해당 및 상이등급 6급 판정(CRPS 증상 8개 요소 해당)을 받았다.

30. 폐암: 국가유공자(공상군경, 소방공무원), 5급

상이처 (질병)	악성 종양 '폐암' (좌하엽 및 림프절 절제술 후 상태)	자격요건	국가유공자(공상군경)
신분	소방공무원	상이급수	신체검사 진행 중 (3급~6급)
특이 사항	질병으로 국가유공자 공상군경 요건 해당 소방공무원 임무수행 중 악성 종양 '폐암' 발병 및 수술		

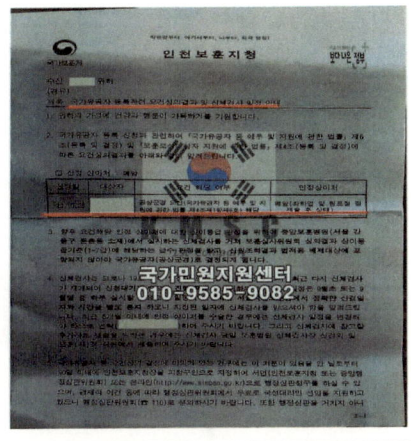

소방공무원으로 재직하던 중 폐암 발병
▼
2021년 국가유공자(공상군경) 해당 및 상이등급 5급으로 판정됨

☞ ○○○님의 경우, 소방공무원으로 재직을 하던 중 장기간 반복적으로 화재 현장에 출동하면서, 화재 진압 활동 및 긴급 출동의 임무를 수행하면서 발암물질에 노출이 되면서 상이가 발병 및 악화되었음이 인증되어, 국가유공자 공상군경 요건 해당 및 상이등급 5급 판정을 받았다.

31. 크론병(자가면역질환): 보훈보상대상자(재해부상군경) 7급

상이처 (질병)	크론병 (회맹장절제술 후 상태)	자격요건	보훈보상대상자(재해부상군경)
신분	군인/해병대	상이급수	7급 5111호
특이사항	자가면역질환 '크론병'으로 보훈보상대상자(재해부상군경) 해당		

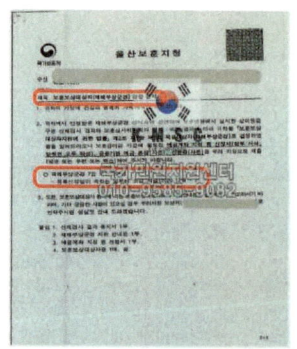 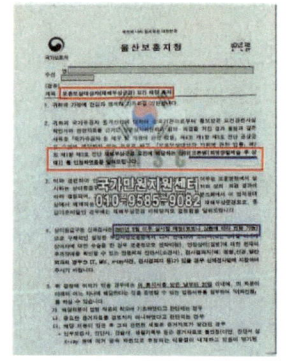

규 복무 중 크론병으로 국군수도병원에서 입원 치료
▼
'크론병'은 자가면역질환이라는 이유로 비공상 의결
▼
'크론병'으로 국가보훈대상자 심사를 진행하여, 보훈보상대상자 요건 해당 및 2021년 9월 7급 판정됨

☞ ○○○님의 경우, 군 복무 중 크론병이 발병하여 국군수도병원 등에서 치료를 하였으나 크론병은 자가면역질환이라는 이유로 비공상 의결되어, 국가보훈심사를 포기하였다. 진료 과정상 문제점이 있다는 사실을 확인하고, 국가보훈대상자 심사를 진행하였고, 보훈보상대상자(재해부상군경) 요건 해당 및 2021년 9월 상이등급 7급 판정을 받았다.

32. 강직성 척추염(자가면역질환): 보훈보상대상자(재해부상군경) 7급

상이처(질병)	강직성 척추염(양측 천장관절)	자격요건	보훈보상대상자(재해부상군경)
신분	군인	상이급수	진행 중
특이사항	B27 항체의 이상 반응으로 발병하는 자가면역질환임에도 불구하고, 재해부상군경 해당		

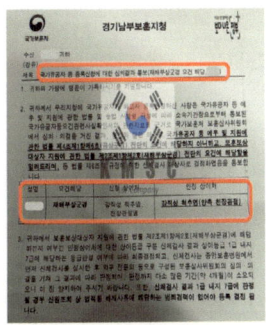

군 복무 중 강직성 척추염으로 국군수도병원에서 입원 치료

'강직성 척추염'은 자가면역질환이고, B27 인자의 문제라는 이유로 비공상 의결

'강직성 척추염'으로 국가보훈대상자 심사를 진행하여, 보훈보상대상자 요건 해당

☞ ○○○님의 경우, 군 복무 중 원인을 알 수 없는 강직성 척추염이 발병하여 국군수도병원 등에서 치료를 하였으나 위 질환은 자가면역질환이라는 이유로 비공상 의결되어, 국가보훈심사를 포기하였다. 진료 과정 및 지휘 체계에 문제점이 있다는 사실을 확인하고, 국가보훈대상자 심사를 진행하였고, 보훈보상대상자(재해부상군경) 요건 해당되었고, 상이등급은 등급 판정이 확실시된다.

33. 화상 흉터: 재판정 신체검사 7급 → 6급

상이처(질병)	① 양측 전하지, 양측 수부, 양측 전박부 하단이 2 ~ 3도 화상 ② 허혈성 심장질환	자격요건	① 공상군경 ② 전상군경
신분	군인	상이급수	① 6급 2항 3105호 ② 7급 5111호
특이사항	양측 전하지 등의 화상으로 국가유공자 상이등급 7급이었으나, 재판정 신체검사를 진행한 결과, 6급 2항으로 승급됨		

☞ ○○○님의 경우, 군 복무 중 군수보급창고의 화재로 인하여 2-3도 화상을 입고 국군고양병원에서 장기간 입원 및 수술적 치료 등을 받고, 만기전역을 하였다. 국가유공자 등록신청 결과, 국가유공자 상이등급 7급 판정을 받았으나 표피면적 및 수술 횟수 등을 감안할 때 등급이 낮은 것으로 판단하여 재판정 신체검사를 진행한 결과, 6급 2항으로 승급되었다.

34. 좌측 눈의 망막박리: 보훈보상대상자(재해부상군경) 7급 1115호

☞ ○○○님의 경우, 군 체육활동 중 상대편이 찬 축구공에 좌측 안구를 강타당하여 민간병원과 국군병원 등에서 시술 등을 받고 전역을 하였다. 전역 후에도 좌측 눈의 망막박리 증상이 지속되어 국가보훈심사를 진행한 결과, 요건 해당이 되었으나 기준미달이 되었다. 이에 센터에서 재심 신체검사를 진행한 결과 7급 1115호로 인정되었다.

35. '어깨견관절' 요건 비해당 행정심판 인용 사례

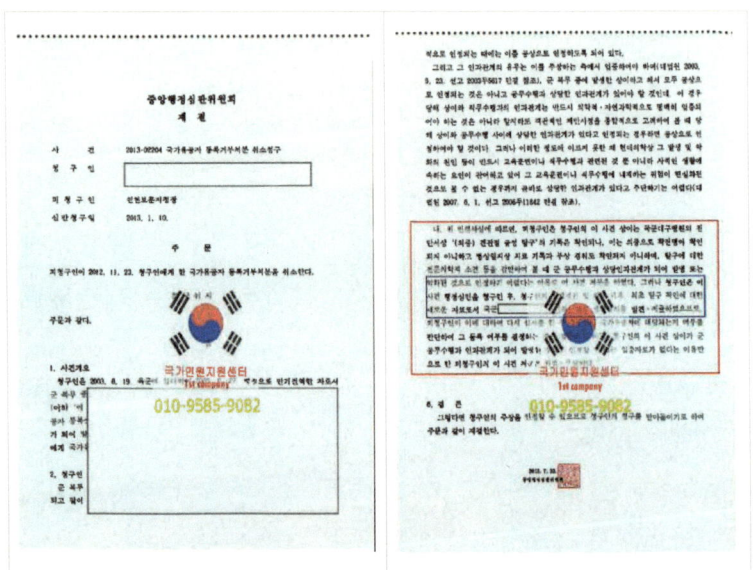

☞ ○○○님의 경우, 군 특전사 훈련 중에 발병한 어깨견관절의 회전근개파열 및 방카르트 병변에 대하여 국가유공자 등록신청을 하였으나, 특이 외상력이 없고 최초 발병 당시의 객관적인 기록이 없다는 등의 이유로 요건 비해당 처분을 받았다. 이에 행정심판청구서와 입증자료를 충분히 준비하여 중앙행정심판위원회에 행정심판을 청구한 결과, 인용(승소) 재결을 받았다.

36. '추간판탈출증' 상이등급 기준미달 행정심판 인용 사례

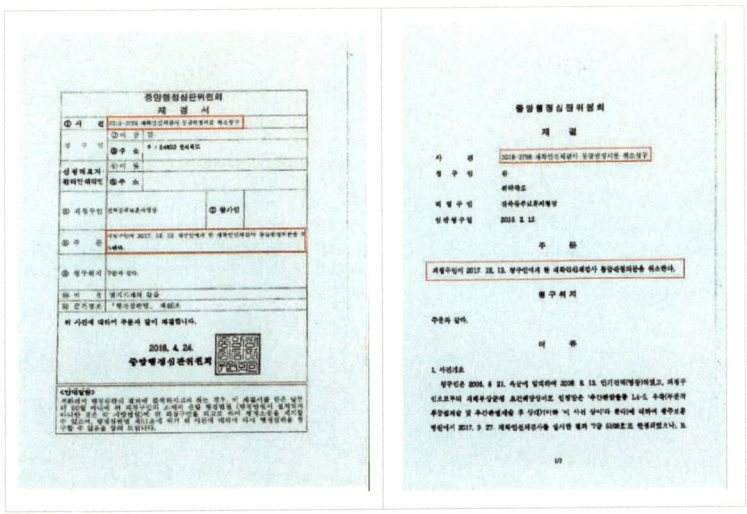

☞ ○○○님의 경우, 군 복무 중에 발병 및 악화가 된 추간판탈출증에 대하여 보훈보상대상자로 해당이 되었으나 상이등급은 기준미달 처분을 받았다. 확인 결과, 보훈병원 수검의사는 7급을 부여하였으나 보훈심사위원회에서 기준미달로 최종 의결한 것으로 확인되었고, 신경 후유증이 지속되는 상태를 감안하여 행정심판청구서와 입증자료를 충분히 준비하여 중앙행정심판위원회에 행정심판을 청구한 결과, 인용(승소) 재결을 받았다.

37. '추간판탈출증' 요건 비해당 행정심판 인용 사례

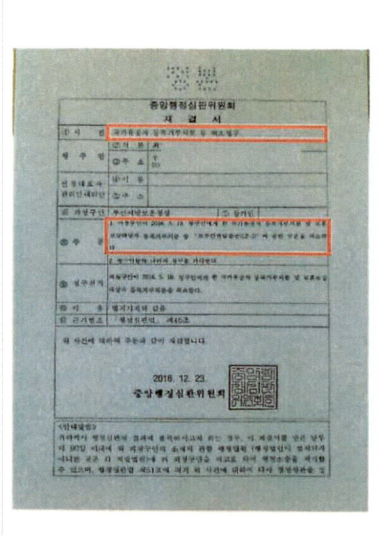
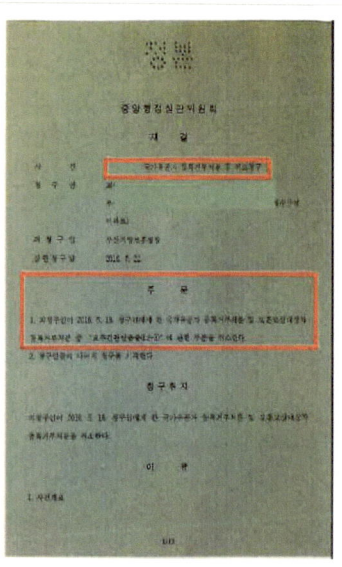

☞ ○○○님의 경우, 군 복무 중에 발병된 추간판탈출증으로 국가보훈심사를 신청하였으나, 입대 이전에 허리 염좌 병력이 확인되고 군 복무 중 악화가 되었음이 확인되는 객관적인 자료가 존재하지 않는다는 이유로 요건 비해당 처분을 받았다. 이에 행정심판청구서와 입증자료를 충분히 준비하여 중앙행정심판위원회에 행정심판을 청구한 결과, 인용(승소) 재결을 받았다.

38. '척추분리증/ 척추전방전위증' 요건 비해당 3회, 행정심판 1회 기각 후 해당 사례

상이처(질병)	척추분리증(L5)/ 척추전방전위증(L5-S1)	자격요건	보훈보상대상자(재해부상군경)
신분	군인	상이급수	7급 8111호
특이사항	-4회 비해당(기각) 후 요건 해당 -[1차 비해당(2008년 3월), 2차 비해당(2016년 4월), 3차 행정심판 기각(2016년 8월), 4차 비해당(2017년 3월)]		

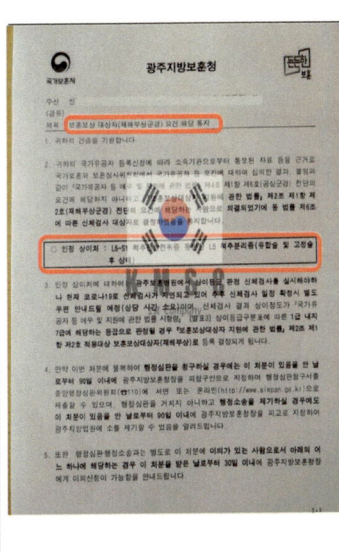
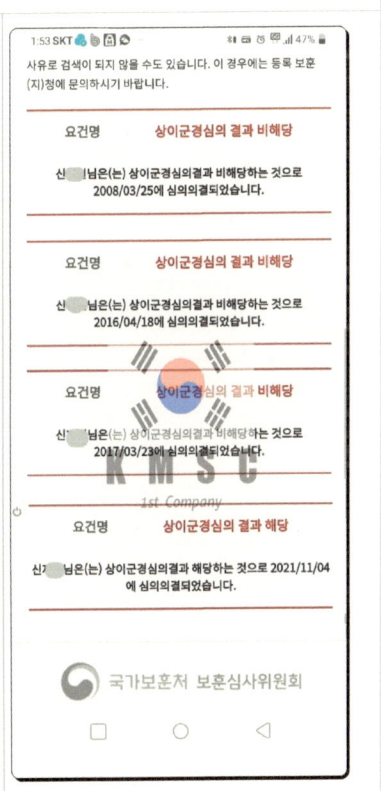

☞ ○○○님의 경우, 척추분리증(& 척추전방전위증)으로 전역을 한 이후, 국가보훈심사를 진행하였으나, 2008년 3월 1차 비해당, 2016년 2차 비해당, 2016년 3차 행정심판 기각, 2017년 4차 비해당 처분을 받았다. 보훈심사를 포기하고 있다가 척추분리증과 척추전방전위증에 대한 센터의 사례를 보고 재등록을 진행하였으며, 2021년 11월 요건 해당 처분을 받았다. 상이등급 신체검사의 경우 척추전방전위증으로 고정술 및 유합술을 시행한 관계로 특별한 문제없이 등급을 받을 것으로 추정된다.

39. 행정심판 & 행정소송 패소 후 국가유공자 해당 사례

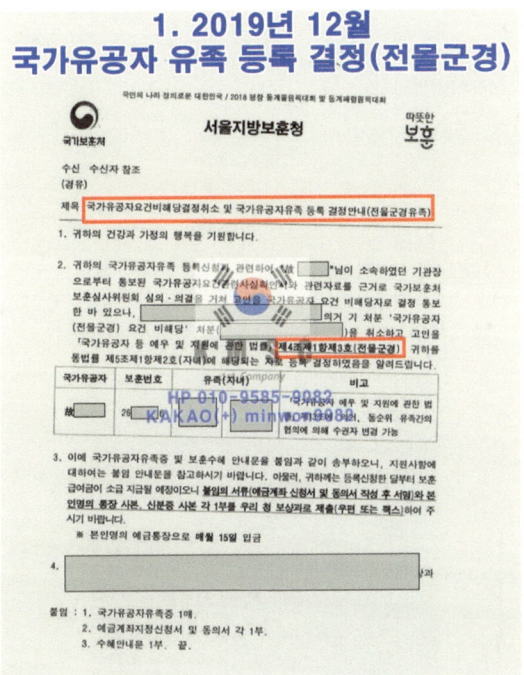

대상자의 유족의 경우 국가유공자 전몰군경 신청을 하였으나 관련 자료나 미비하다는 이유로 2015년에 2번이나 비해당이 되었고, 2016년에도 다시 신청하여 3번째 비해당이 되었다. 이후 서울행정법원에 행정소송을 제기하였고, 1심부터 3심까지 모두 패소 판결을 받았다. 2019년 초에 센터에 방문하여 재등록을 진행한 결과 국가유공자 전몰군경 유족으로 해당이 되어, 고인의 명예를 찾았고 보훈급여 및 안장 등을 진행하였다.

40. 허혈성심장질환, 당뇨병: 국가유공자(전상군경) 6급 2항

상이처(질병)	허혈성심장질환&당뇨병	자격요건	국가유공자(공상군경) 유족
신분	국가유공자/참전유공자	상이급수	6급 2항
특이 사항	과거 고엽제후유증 환자 등록신청하여, 당뇨병으로 7급 판정을 받음 허혈성심장질환을 앓고 있음에도 불구하고 생전에 신청을 하지 못한 채 20년 7월초에 작고. 대상자의 작고 후에 유족들이 인지하게 되어. 사후에 국가공자 유족 등록신청을 진행. 20년 7월 말에 국가유공자 유족 등록 신청하여, 2021년 9월에 6급 2항 판정, 상이등급 상향을 위한 재심 신체검사 및 행정심판 진행 중		

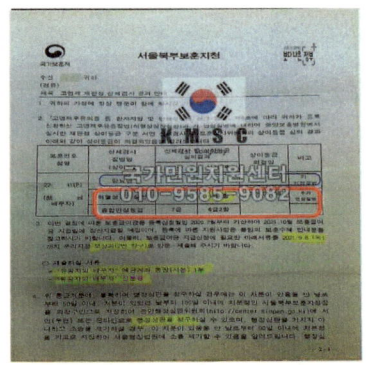

당뇨병으로 국가유공자 7급 판정받았으나, 사망
▼
사망 이전에 허혈성심장질환으로 진료한 이력이 있었던 관계로, 추가 인정 진행
▼
유공자 본인은 사망하였으나, 추가 상이 진행하여, 국가유공자 6급 결정

☞ ○○○님의 경우, 당뇨병으로 진행을 하여 국가유공자 7급 판정을 받고 지내다가 사망에 이르렀고, 사망 후 가족들이 국가유공자 유족 신청을 하여 허혈성심장질환으로 6급 2항 판정을 받았다.

41. 허혈성심장질환(심근경색): 국가유공자(전상군경) 6급 2항

상이처(질병)	허혈성 심장질환	자격요건	국가유공자(전상군경)
신분	군인	상이급수	6급 2항
특이사항	고엽제후유증 당뇨병으로 장기간 약물 치료		

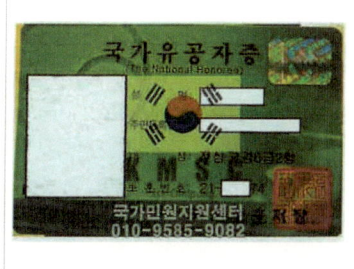 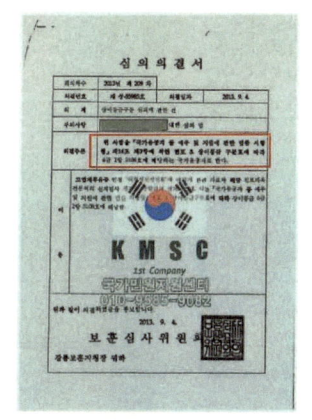

1970년대에 베트남에 1년 동안 파월한 장병으로서, 참전유공자로 기존에 등록이 됨
▼
허혈성 심장질환으로 관상동맥 우회술을 시행받고, 국가유공자 등록신청
▼
약 1년 동안 진행한 결과, 국가유공자 6급 2항 판정됨

☞ ○○○님의 경우, 1970년도에 베트남에 1년 동안 파월한 장병으로서 참전유공자 혜택을 받으시다가, 금번에 허혈성심장질환(심근경색)이 발병하였다. 심근경색에 대한 관상동맥 우회술 이후에 정기적인 통원치료 및 초음파 결과지, 심구출율, 운동부하검사 등이 참작되어 6급 2항 판정을 받았다.

42. 폐암: 국가유공자 전상군경 3급

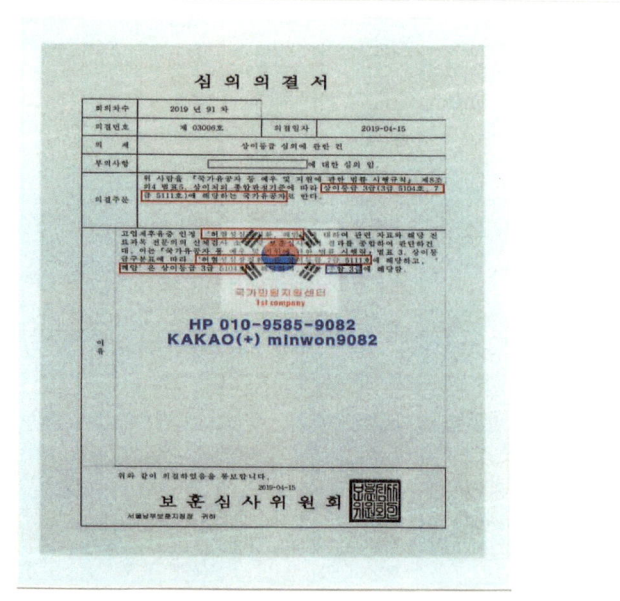

베트남 파월 기간 중 고엽제에 반복적으로 노출
▼
고엽제후유증에 해당하는 폐암과 허혈성심장질환으로 수술 및 항암치료
▼
2019년 국가유공자 전상군경 3급 판정

☞ ○○○님의 경우, 청룡부대 소속으로 파월하였던 참전유공자로 고엽제 후유증에 해당하는 폐암과 허혈성심장질환이 발병하여, 중앙보훈병원에서 수술 등을 받고, 정기적으로 통원 중이다. 고엽제후유증 등록을 하고, 후유증에 대한 자료를 상이등급에 부합되도록 적극적으로 소명하여 3급 판정을 받았다.

43. 전립선암: 국가유공자 전상군경 6급 1항

상이처(질병)	전립선암	자격 요건	국가유공자(전상군경)
신분	군인	상이급수	6급 1항 5203호
특이 사항	근치적 절제술 후 후유장애가 있는 상태		

 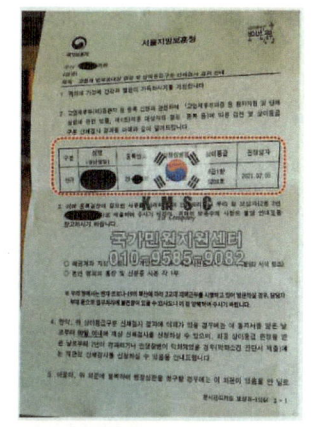

베트남 파월 기간 중 고엽제에 반복적으로 노출
▼
고엽제후유증에 해당하는 전립선암으로 수술 및 항암치료
▼
2021년 국가유공자 전상군경 6급 1항 판정

☞ ○○○님의 경우, 백마부대 소속으로 파월하였던 참전유공자로 고엽제 후유증에 해당하는 전립선암이 발병하여, 대학병원에서 수술 등을 받고 정기적으로 통원 중이다. 고엽제후유증 등록을 하고, 후유증에 대한 자료를 상이등급에 부합되도록 적극적으로 소명하여 6급 1항 판정을 받았다.

44. 연조직 육종암: 국가유공자(전상군경) 6급 3항

상이처 (질병)	연조직 육종암, 당뇨병	자격요건	국가유공자(전상군경)
신분	군인	상이급수	연조직 육종암 6급 3항
특이사항	고엽제후유증에 해당하는 당뇨병과 연조직 육종암으로 국가보훈심사 진행하여, 육조직 육종암으로 6급 3항으로 판정됨			

당뇨병으로 고엽제후유증환자로 인정되었으나, 상이등급은 기준 미달
▼
연조직 육종암으로 재등록 진행한 결과, 6급 3항 판정

☞ ○○○님의 경우, 당뇨병으로 혼자서 진행을 하여 고엽제후유증 환자로 등록이 되었으나, 상이등급은 기준미달 판정을 받았다. 이후에 발병한 연조직 육종암으로 재등록을 진행하였고, 신규 등록 및 추가 자료의 보충을 통하여 상이등급 6급 3항 판정을 받을 수가 있었다.

45. 당뇨병: 국가유공자(전상군경) 7급 → 종합 2급

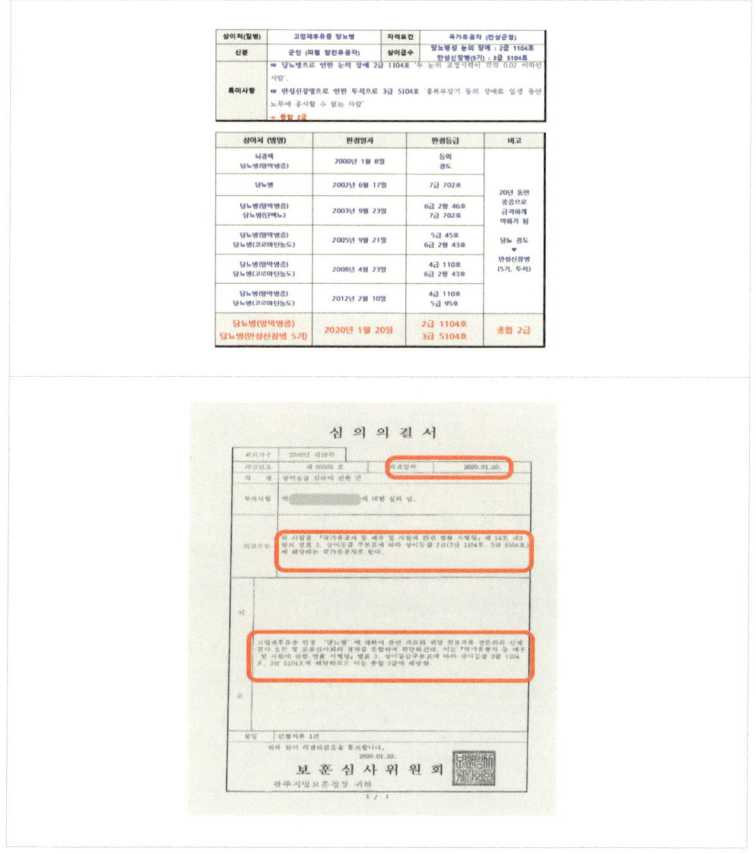

☞ ○○○님의 경우, 당뇨병으로 2002년 7급 판정을 받은 이후, 당뇨로 인한 망막병증 및 혈중크로티닌의 농도 등이 급격하게 악화가 되었고, 2019년부터는 만성심장병으로 혈액 투석에까지 이르렀으며, 최초 7급 판정을 받은 후 6급, 5급, 4급, 2급으로 상이등급을 계속 상승시켰다.

46. 독립유공자: 건국훈장 애족장

항일 무장투쟁 및 10개월 투옥
▼
공적심사: 건국훈장 애족장

☞ ○○○님의 경우, 항일무장 투쟁을 하셨던 분의 손녀로서 국가보훈처 공훈심사과에 공적심사를 진행하여 조부의 공적이 참작되어 건국훈장 애족장을 수여받았고, 그 근거로 독립유공자 유족으로 등록이 될 수가 있었다.

VI.

국가유공자 & 보훈보상대상자의 대표적인 요건 비해당 사유

Ⅵ. 국가유공자 & 보훈보상대상자의 대표적인 요건 비해당 사유

1. 보훈심사위원회의 판단기준과 경향

(1) 국가유공자 등 예우 및 지원에 관한 법률 제4조 제1항 제6호(공상군경) 전단의 요건 즉, 군인이나 경찰·소방 공무원으로서 국가의 수호·안전보장 또는 국민의 생명·재산 보호와 직접적인 관련이 있는 직무수행이나 교육훈련 중 상이(질병을 포함한다. 이하 동일)를 입고 전역하거나 퇴직한 사람 또는 6개월 이내에 전역하거나 퇴직한 사람으로서 해당 상이의 발생이 직무수행, 또는 교육훈련과 직접적인 관련이 있다고 인정되거나 의학적으로 판단될 때에 이를 국가유공자 요건으로 인정하도록 규정하고 있다.

(2) 보훈보상대상자 지원에 관한 법률 제2조 제1항 제2호(재해부상군경) 전단의 요건 즉, 군인이나 경찰·소방 공무원 등으로 국가의 수호·안전보장 또는 국민의 생명·재산 보호와 직접적인 관련이 없는 직무수행이나 교육훈련 중 상이를 입고 전역하거나 퇴직한 사람 또는 6개월 이내에 전역이나 퇴직한 사람으로서 해당 상이(질병)의 발생 또는 악화(자연경과적인 진행 속도 이상의 현저한 악화를 말한다.)가 직무수행 또는 교육훈련과 상당한 인과관계가 있다고 판단되거나 인정될 때에 이를 보훈보상대상자 요건으로 인정하도록 규정하고 있다.

(3) 보훈심사위원회에서는 신청인의 부상 경위 등에 대한 사실관계를 확인하고, 외문 전문가(전문의)가 위원으로 참여한 심사회의에서 실체적·의학적 사실 관계 등에 대해 심층적으로 검토, 신청인이 국가유공자 등의 예우 및 지원에 관한 법률 시행령 별표1의 국가유공자 요건의 기준 및 범위의 요건에 해당하는지, 보훈보상대상자 지원에 관한 법률 시행령 별표1의 보훈보상대상자 요건의 기준 및 범위의 요건에 해당하는지의 여부를 심의·결정하게 된다.

(4) 대법원 판례(92누 14762판결 등)에 의거 보훈심사위원회에 국가보훈처장은 소속기관의 통보자료에 구속되지 않고, 독자적으로 심의 결정하고 있는데, 2021년 8월까지의 국가유공자(&보훈보상대상자) 요건 해당률은 52%로서, 신청자 중 절반 정도가 서류심사에서 비해당 처분을 받고 있다.

> 3) 대법원 판례(대법원 1993.06.29.선고, 92누14762판결 등)는 보훈심사위원회와 국가보훈처장은 신청인이 소속하였던 기관의 장이 확인 통보한 자료에 구속되지 않고, 통보된 자료 등을 참작하여 신청인이 국가유공자의 요건에 해당하는 지의 여부를 독자적으로 심의·결정한다고 판시하고 있는바,

(5) 보훈심사는 일반적으로 국가보훈처에서 제공하는 '국가유공자 등 록신청서 및 증명사진, 가족관계증명서, 소속기관의 경력증명서(병적증명서)'만 있으면, 접수가 가능하다. 하지만, 약 6~12개월 동안 소요는 보훈심사의 기간이나 최근 비해당되는 비율, 의학자문 등

의 심층 분석 및 전문의들의 의견 등을 감안할 때 접수 단계부터 신청인의 상이처와 의학적 인과관계를 소명할 수 있는 자료를 준비하고, 논리적·의학적·법리적으로 주장을 해야 된다.

2. 보훈심사위원회의 대표적인 비해당 사유 및 사례

	보훈심사위원회의 대표적인 비해당 사유
1	입대(임용) 이전에 상이처와 관련한 과거력 및 기왕증(예: 염좌, 팽윤, 타박상, 요통 등)이 있었다는 이유로 비해당
2	소속기관(국방부, 경찰청, 공무원연금관리공단 등)에서 비공상(비전공상, 사상)으로 의결을 하였다는 이유로 비해당
3	영상자료(MRI, CT, X-ray 등)에 대한 판독 및 의학자문 결과 '영상강도저하, 퇴행성, 진구성' 등으로 회신되었다는 이유로 비해당
4	상이 발병 일자로 주장하는 시기에 병원에서 진료하는 등의 객관적인 서류가 없다는 이유로 비해당
5	국군병원이나 민간 병원 등에서 진료를 한 이후 수술적 치료 등의 특별한 조치 없이 진료가 종결되었고, 최근 수년 동안 관련 질환에 대한 진료 사실이 없다는 이유로 비해당
6	상이처와 공무수행과의 인과관계를 증명하는 객관적인 서류가 존재하지 않는다는 이유로 비해당
7	상이처와 관련한 병원 기록 및 전공상 서류가 존재하지만, 관련 내용이 불일치하여 신빙성이 결여되었다는 이유로 비해당
8	공무수행 중 발병하였음을 증명하는 특이 외상력(골절, 낙상, 연조직 손상 등) 자료가 없다는 이유로 비해당
9	병적 특성을 감안할 때 진술 내용에 신빙성이 없다는 이유로 비해당
10	소속기관 등에 확인 결과, 자료가 보존되어 있지 않다는 이유로 비해당

11	순리적인(통상적인) 이동 경로를 벗어난 곳에서 사고가 발생하였다는 이유로 비해당
12	신청인의 진술내용과 공부상의 기록이 일치하지 않는다는 이유로 비해당
13	현상 병명으로 제출된 상이처와 원상 병명으로 제출된 상이처가 불일치한다는 이유로 비해당
14	최근 수개월 동안의 자료 분석 결과 통상적인 업무 범주를 벗어나서 직무를 수행하였다는 객관적인 자료가 없다는 이유로 비해당
15	본인의 주의 의무를 다하지 않아 발생한 사고라는 이유로 비해당
Etc	- - -

① 상이처(추간판탈출증) 발병에 대한 특별한 외상력(차량 전복, 공중 낙하 중 추락 등)이 확인되지 않고, 외상에 의한 상이처의 급성 발병을 입증하는 '외상성 추체골절, 미세출혈, 연조직 손상'의 의학적 소견이나 자료가 없다는 이유로 공상군경 요건 비해당 의결되었다.

- 이 병상일지(전공상 심사의결서, 의무조사보고서, 간호기록지 등)에서 일관되게 확인되는 점,

- 추간판탈출증이 급성으로 발병하였음을 인정할 만한 특별한 외상력(차량전복, 공중낙하 중 추락 등)은 확인되지 아니하고, 외상에 의한 추간판탈출증의 급성 발병을 입증할 만한 '외상성 추체골절, 미세출혈, 연조직 손상 등'의 의학적 소견도 확인되지 않는 점,

- 추간판탈출증은 질환 특성상 척추골절을 일으킬만한 분명한 외상력에 의해 급성으로 발병하지 아니한 경우, 퇴행성 질병에 의한 악화여부를 판단해야 하고, 기존 질병의 악화는 국가유공자 요건(공상군경)에 해당되지 아니하는 점 등을 감안할 때,

- 신청 상이는 국가의 수호·안전보장 또는 국민의 생명·재산 보호와 직접적인 관련이 있는 직무수행이나 교육훈련이 직접적인 원인이 되어 발병하였다고 판단되지 아니하여, 국가유공자 등 예우 및 지원에 관한 법률에서 정한 공상군경 요건에 해당하지 아니함.

> 9) 관련자료를 종합적으로 검토한 결과, 신청인의 '추간판탈출증 L5-S1', '우측 주관절 주벽증후군(관절경적 추벽절제술 후 상태)'은,
>
> 가) 신청인은 "2018년 1월경 1종부식(김치)이 담긴 2박스(40kg) 겹쳐서 들다가 허리에 극심한 통증을 느꼈고, 2018년 6월경 14:00경 855포병대대 본부부대에서 배수로작업 중 삽으로 흙에 묻혀있는 돌을 인지하지 못하고 삽질을 하던 중 돌과 강하게 충돌하여 삽의 손잡이 부분을 잡고 있던 오른쪽 팔꿈치가 뒤틀리는 느낌을 받고 통증이 시작됨."이라고 진술하고 있으나.
>
> 나) 국군춘천병원 외래초진기록지(2018.1.30.)상, '요즘, 1주일 전부터, 부식나르다 통증 악화됨.' 기록으로, 달리 군 공무수행과 관련하여, 동 질병이 급성으로 발병하였음을 인정할 만한 특이 외상력(차량전복, 공중낙하 중 추락 등)은 확인되지 않는 점.
>
> - 또한, 추간판탈출증의 급성 발병을 입증할 만한 정밀검사상 척추골절이나 미세출혈, 연조직 손상 등의 의학적 소견도 확인되지 않는 점.

② 상이처(슬관절 연골파열)에 대한 관련 자료에 특이 외상력이 확인되지 않고, '원판형 반월상연골, 추벽' 등은 의학적 소견상 선천적 질병이거나 외상과는 관련이 없다는 의학적 소견 등을 감안할 때 공무수행 중에 발병하였거나 자연경과적 진행 속도 이상으로 급격하게 악화되었다고도 인정되지 않아 비해당되었다.

> 7) 따라서, '대퇴 원위부, 지방종(소파술, 이식술) 및 양측 슬관절 원판형 반월상연골(절제술) 및 추벽(계건술)'은 신청인은 신체검사시 정상입대후 자연경과이상으로 급격하게 악화되었다고 진술하고, 병상일지상 진단 및 수술 받은 기록 확인되며, 공무상병인증서상 2004.1.13. 육군훈련소 입대 후 훈련병으로 훈련받던 중 2004.1.28. 10:30경 PRI 훈련 실시 중 엎드려 쏴 자세를 취하다 부분에 통증 발현한 기록 확인되나, 2004.1.13. 부상당시 진료기록 확인되지 아니하며, 최초 국군마산병원 외래진료기록지(2004.4.26. ※ 입대3개월만)상 '양쪽 무릎 통증, 관절통, 양쪽 발꿈치 통증' 기록 확인되는바, 양쪽 무릎 통증 발현한 기록 외에 특이 외상병력 확인되지 아니하며, '지방종, 원판형 반월상연골, 추벽' 모두 외학적 소견상 선천적 질병이거나, 외상과 관련성이 없다는 의학적 소견 감안할 때, 입대 3개월만에 군 공무수행과 관련하여 자연경과 이상으로 악화되었다고 보기 어렵고, 징병신체검사에서 정상이었다고 하더라도 정밀검사가 아닌 한 잠재적 소인을 발견하기는 어렵다고 판단되는 점, 달리 기심의 의결을 번복할 만한 사정변경 사항 확인되지 아니하여, 신청상이는 국가의 수호·안전보장 등과 직접적인 관련이 있는 직무수행이나 교육훈련과 상당 인과관계가 되어 발병(발생)하였거나 그 외 직무수행 또는 교육 훈련과 상당 인과관계가 되어 발병 또는 악화된 것으로 인정하기 곤란하다고 판단되므로, 국가유공자 등 예우 및 지원에 관한 법률과 보훈보상대상자 지원에 관한 법률 규정에 의한 국가유공자 및 보훈보상대상자 요건에 해당하지 아니함.

③ 상이처(어깨견관절)의 최초 탈구는 의료진이나 이에 준하는 사람에 의해 정복이 이루어져야 하고, 자가 정복은 불가능하다는 의학적 소견이 제시되어 있으며, 영상자료 판독 결과 '견관절 전방불안정성과 진구성'으로 확인되어, 입대 이전부터 탈구 증상이 지속되어 온 것으로 추정하여 요건 비해당 처분이 되었다.

- 견관절은 최초 탈구시 통증이 심하여 스스로 정복은 불가능하고 탈구 정복에 대한 전문적인 지식이 있는 의료진 또는 이에 준하는 사람에 의해 이루어져야 한다는 의학적 소견에 비추어 볼 때, 입대 전에도 이미 탈구 증상이 있었던 것으로 보이며,

사) 병상일지에 대한 우리위원회 재확인 검토(2019.4.10.) 결과, '좌측 견관절 전방관절와순 파열(방카드)과 힐삭스 병변으로 견관절 전방 불안정성, 자가정복 등으로 진구성으로 추정됨'이라는 전문의 의학적 소견이 제시되었고,

아) 군 공무수행 중 신체 내부구조물이 급성으로 파열될 정도의 외상력이 가해져 부상을 입었다고 볼 만한 기록도 확인되지 아니하며,

자) 또한, 견관절은 최초 1회 탈구되면 관절낭이 늘어나거나 관절와순이 파열된 상태가 지속되어 완전 치유가 어렵고, 경미한 외상에도 쉽게 탈구가 재발되며, 시간이 경과하면 설령 출지 않은 상태로 진행됨으로써 최초 탈구로 진료를 받은 경우 차후에 진행된 증상이 발현되어도 급격산 악화로 인정하기에는 합리성이 결여된다는 전문의 의학적 소견이 제시되어 있는 점을 고려하면, 군 공무수행 하면서 자연경과주인 진행속도 이상으로 현저하게 상태가 악화되었다고 보기도 어렵고,

차) 중앙행정심판위원회에서도 위와 같은 이유로 신청인의 청구를 기각 재결(2020.2.4.)하였으며,

카) 달리 지난 번 심의의결 내용을 번복할 만한 객관적인 사정변경 사항도 확인되지 아니하므로,

타) 신청상이는 국가의 수호·안전보장 등과 직접적인 관련이 있는 직무수행이나 교육훈련 중 입은 상이로 인정하기 어렵고, 그 외의 직무수행이나 교육훈련과 상당 인과관계가 되어 발병 또는 악화된 것으로도 인정하기 어려우므로, 이는 국가유공자 등 예우 및 지원에 관한 법률과 보훈보상 대상자 지원에 관한 법률 규정에 의한 국가유공자 및 보훈보상대상자 요건에 해당하지 아니하는 것으로 의결함.

5) 국군함평병원 영상자료[2008. 9. 23., 우측 견관절 MRI]에 대한 우리 위원회 재확인 검토(2020. 9. 8.) 결과 'MRI상 우측 견관절 전하방 관절와순 파열 소견 나타남, 전방 불안정성으로 진구성으로 사료됨.' 이라는 전문의의 의학적 소견이 제시된 점으로 보아 어느 하나의 사건에 의한 급성 손상의 부상을 입었다고 보기에 어렵고, 달리 군 직무수행으로 인해 자연경과적인 진행속도 이상으로 현저하게 상태가 악화되었다고 볼 만한 객관적인 입증자료도 확인하기 어려움이 있는 점 등을 종합적으로 고려할 때,

6) 신청상이는 국가의 수호·안전보장 등과 직접적인 관련이 있는 직무수행이나 교육훈련 중 상이를 입은 것으로 인정하지 아니하고, 또한 국가의 수호·안전보장 등과 직접적인 관련이 없는 직무수행이나 교육훈련 중 입은 상이 및 공무수행과 상당인과관계가 되어 발병 또는 악화된 것으로도 인정하지 아니하여, 국가유공자 등 예우 및 지원에 관한 법률과 보훈보상대상자 지원에 관한 법률 규정에 의한 국가유공자 및 보훈보상대상자 요건에 해당하지 아니하는 것으로 처분함.

④ 소속기관에서 회신한 요건관련사실확인서에, 원상병명 '공란', 병전 기록 '전공상심신장애 6급, 사상, 병역면제'로 확인되고, 방위병(사회복무요원)으로 근무시간 중에 부상을 입었음을 입증할 수 있는 객관적인 자료가 없다는 이유로 비해당이 되었다.

> 사) 방위병인사관리규정(*1977.1.1.) 제22조에 경찰 기동 타격대 요원은 '일몰시부터 익일 일출시까지 1일 근무로 간주하며 격일제로 근무한다'는 내용과 '근무 당일 근무자 전원이 지정된 장소에 집결 대기하면서 교대 근무하여야 한다'는 내용이 확인되고 있으나,
>
> 아) 신청인에 대한 육군참모총장이 통보한 요건관련사실확인서(2021.1.8.)상 원상병명은 '공란'으로, 병적기록은 '1985.4.11. 전공상심신장애(6급), 사상, 병역면제'로 확인되고, 그 외 근무 상황과 관련된 기록 등은 확인되지 아니하여, 방위병으로서 근무시간에 직무수행 중 부상을 입었음을 확인할 수 있는 객관적인 입증자료가 확인되지 아니하며, 달리 이전 심의의결 내용을 번복할 만한 사정변경 사항도 확인되지 아니하므로,
>
> 자) 신청상이는 국가의 수호·안전보장 등과 직접적인 관련이 있는 직무수행이나 교육훈련 중 상이를 입은 것으로 인정하지 아니하고, 또한 국가의 수호·안전보장 등과 직접적인 관련이 없는 직무수행이나 교육훈련 중 입은 상이 및 공무수행과 상당인과관계가 되어 발병 또는 악화된 것으로도 인정하지 아니하여, 국가유공자 등 예

⑤ 상이처가 급성으로 발병하였음을 입증할 만한 특이 외상력(차량 전복, 공중낙하 등)이 확인되지 않으며, 영상자료에 대한 판독결과 '퇴행성 중심성 디스크 소견과 다발성 소견'이 제시되었고, 임관 후 11년이 경과한 시점부터 치료를 시작한 것을 공무로 인하여 급격하게 악화된 것으로 판단하기 어렵다는 이유로 비해당이 되었다.

> SLRT(20/20), 진단서 발부-요추부 염좌, 상기환자는 심한 요추부 동통 및 하지방사통으로 인한 보행장애 주소로 내원, 검사상 상기 진단하에 일성기간 절대안정 및 경과관찰 요구되어 이를 위해 입원가료가 필요할 것으로 사료됨.' 기록 확인되나, 일최 진단받은 기록 이외에 달리 추간판탈출증이 급성으로 발병하였음을 인정할 만한 특이 외상력(차량전복, 공중낙하 중 추락 등)은 확인되지 않는 점.
>
> 라) 이후 촬영한 영상자료에 대한 우리위원회 개별의학자문 결과(2013.7.23.), '2010.5.22. 및 2011.6.11. 촬영 MRI상 L3-4,4-5,L5-S1에 심한 디스크 신호강도 저하가 있는 퇴행성 중심성 디스크 소견임.' 으로, 이는 퇴행성 디스크 소견이며, 세부위의 다발성 소견인바, 다발성의 병적 특성을 고려해 볼 때 수상으로 인한 외상성 보다는 퇴행성으로 보여지는 점.
>
> 마) 신청인은 장교로 임관 11년 이후 요통으로 치료 시작한 것을 공무로 인해 급격하게 악화된 것으로 보기는 어렵고, 군 직무수행 또는 교육훈련과 상당인과관계로 발병 또는 악화되었다거나 군 직무수행으로 인해 적절한 진단과 치료가 지연되어 자연경과적인 진행속도 이상으로 급격하게 상태가 악화되었다고 볼 만한 입증자료도 확인하기 어려운 점, 달리 기 심의의결 결과를 번복할 만한 사성변경사항도 확인되지 아니한 점 등을 감안할 때,
>
> 바) 신청상이는 국가의 수호·안전보장 등과 직접적인 관련이 있는 직무수행이나 교육훈련과 상당한 인과관계가 되어 발병하였다거나, 그 밖의 직무수행 또는 교육훈련과 상당한 인과관계가 되어 발병 또는 악화되었다고 인정할 만한 객관적인 자료가 확인되지 아니하여 국가유공자 등 예우 및 지원에 관한 법률과 보훈보상대상자 지원에 관한 법률에서 정한 공상군경 및 재해부상군경 요건에 해당하지 아니함.

⑥ 상이처에 대한 현상 병명과 원상 병명이 일치하지 않으며, X-ray
에 대한 판독 결과 '유리체 이동, 신경근 압박' 등의 의학적 소견도
확인되지 않고, 수술적 치료 등 특이 처치를 한 사실이 없다는 점
으로 요건 비해당되었다.

- X-선 소견서(국군청평병원, 1996.9.12.) 상, '<추정진단> L4-5 중심에서 좌외측 디스크 탈출, L3-4 중심성 돌출' 소견으로, 외래환자진료기록지(국군일동병원, 1996.5.30.) 상, '<주소> 우측 방사통 동반한 요통 <하지직거상검사> 우측45도/좌측60도' 및 임상기록(국군일동병원, 1996.7.16.) 상, '<주소> 요통, 좌>우, <최초진단명> 추간판탈출증 L3-4, L4-5 중심에서 우측'기록으로 임상증상과 일치하지 않는 점.

- X-선 소견서(국군청평병원, 1996.9.12.) 상, '경막낭 함입 동반한 L3-4 중심성 수핵 돌출, 탈출된 디스크 물질의 하향 확장 동반한 L4-5 중심에서 좌외측 수핵 탈출' 소견 확인되나, 군복무로 인한 상당악화를 인정할 만한 '유리체이동, 신경근 압박 등'의 의학적 소견은 확인되지 않고, 군 복무 중 추간판탈출증에 대한 수술 등 특이처치 시행한 기록도 확인되지 않는 점.

- 달리 군 공무수행으로 인해 동 질병의 적절한 진단과 치료가 지연되어 자연적인 진행경과 이상으로 급속하게 악화되었다고 볼만한 구체적이고 객관적인 자료가 확인되지 아니한 점 등을 감안할 때,

- 신청상이는 국가의 수호·안전보장 또는 국민의 생명·재산보호와 직접적인 관련이 있는 군 직무수행이나 교육훈련이 직접적인 원인이 되어 발생하였다거나, 그 밖의 군 직무수행 또는 교육훈련과 상당인과관계가 있어 발병 또는 악화되었다고 인정하기 어렵다고 판단되며, 이는 국가유공자 등 예우 및 지원에 관한 법률과 보훈보상대상자 지원에 관한 법률에서 정한 공상군경 및 재해부상군경 요건에 해당하지 아니한 것으로 처분함

⑦ 징병신체검사에서 정상 판정을 받고 입대를 하였다고 하더라도, 군 복무 중 발병한 상이처에 대하여 급성 악화를 인정할 만한 파열이나 신경근 압박 등의 자료가 확인되지 않고, 전역 후 수년이 경과되어서 수술적 치료를 받은 사실을 공무수행 중 악화로 판단하기 어렵다는 이유로 요건 비해당이 되었다.

- 경과기록(국군원주병원, 1997.3.18.) 상, '양 하지(우>좌) 통증 동반한 요통, <하자직거상검사> 우40도/좌70도'의 임상증상과 경과기록(국군원주병원, 1997.3.18.) 상,'MRI(97.2월) : L4-5 중심에서 좌측 디스크 돌출, L5-S1 팽윤' 및 X-선 소견서(국군원주병원, 1997.4.7.) 상,'L4-5 좌측 디스크 돌출, L5-S1 디스크 팽윤'의 영상소견이 일치하지 않고, 군 복무로 인한 추간판탈출증의 급격한 악화를 인정할만한 추간판 파열이나 유리체이동, 신경근 압박 등의 의학적 소견은 확인되지 않는 점,

- 입대 전후 MRI, CT 등에 의한 척추 정밀검사를 시행하지 아니하는 병무청 및 군의 신체검사 시스템에서 척추 및 디스크 이상여부가 확인되지 않았다 하더라도, 다른 근골격계 질환과는 달리 10대 후반이나 20대 초반부터 나타나는 척추의 퇴행성 변화를 내재한 상태에서, 군 입대 후 MRI, CT 촬영 등을 실시하여 '추간판탈출증'이 발견되었을 가능성을 배제할 수 없는 점

- 국제나은병원 진료기록부 사본(2020.3.7. 발급) 상, 2012.6.30. '관혈적 미세현미경하 추간판절제술(L5-S1, 우측)' 시행한 기록 확인되나, 이는 전역 후 15년이 지나 수술적 처치에 이른 것으로 군 공무수행과의 인과관계로 인해 수술한 것으로 보기에는 어려운 점,

- 달리 공무수행 등으로 인해 동 질병의 적절한 진단과 치료가 지연되어 자연적인 진행경과 이상으로 급속하게 악화되었다고 볼만한 구체적이고 객관적인 자료가 확인되지 아니한 점,
- 우리 위원회의 기 심의 결과를 번복할 만한 사정변경 사항도 확인되지 아니한 점 등을 감안할 때,
- 신청상이는 국가의 수호·안전보장 또는 국민의 생명·재산보호와 직접적인 관련이 있는 군 직무수행이나 교육훈련이 직접적인 원인이 되어 발생하였다거나, 그 밖의 군 직무수행 또는 교육훈련과 상당인과관계가 있어 악화되었다고 인정하기 어렵다고 판단되며, 이는 국가유공자 등 예우 및 지원에 관한 법률과 보훈보상대상자 지원에 관한 법률에서 정한 공상군경 및 재해부상군경 요건에 해당하지 아니함.

⑧ 건강보험요양급여내역 조회 결과, 상이처와 관련한 입대(임관) 이전의 과거력(기왕증)이 확인되고, 영상자료 판독상 파열 등의 자료도 확인되지 않으며, 특이 외상력도 확인되지 않는다는 이유로 요건 비해당이 되었다.

- 건강보험 조회 결과, 입대전, 2011.8.25. 요추의염좌및긴장 1회, 2013.8.28. 아래등및골반의타박상 1회 진료 기록으로, 입대 전 요추 부위 진료 받은 기록 확인되는 점.

- 영상 자료에 대한 우리 위원회 개별의학자문(2020.1.8.) 결과, '입대 4개월경인 2018.2.12. MRI상 L4-5-S1에 경미한 디스크 신호강도 저하가 있는 L5-S1 좌측으로 신경근 압박 없는 경미한 디스크 돌출이 관찰되고 급성 소견 없음.'의 소견으로, 명확한 신경근 압박이나 추간판파열 등 군 복무로 인하여 자연경과 이상의 급격한 악화를 인정할 만한 의학적 소견 없이 경미한 디스크 소견이고, 달리 디스크절제술 등의 특이처치 시행한 기록도 확인되지 않는 점.

- 다) 국군춘천병원 외래재진기록지(2018.12.19.)상, '좌측 손목, 우측 말꿈치 증. 손목은 예전보다는 나아졌다. 진단명-'주관절터널증후군'', 강원대학교병원 진단서(2019.2.21.)상, '우측 주관절 추벽증후군, 소견-상기환자 2019.2.14. 상기병명 진단하에 입원하여 2019.2.15. 관절경적 추벽절제술 시행함.' 기록은 확인되나, '추벽증후군'은 발생학적인 이상에 의하여 발생된 것으로 원인이 외상과는 무관한 것으로 알려져 있다는 의학적 소견이 제시되어 있는 바, 관련자료상 군 공무관련한 특이 외상력은 확인되지 않는 점.

- 신청인이 진술하는 부상일(2018.6월초 배수로작업 중) 직후 진단 및 치료받은 기록 없이 수상 6개월 이후 진단받은 점.

- 건강보험 조회 결과, 입대전, 2014.10.10.~10.15. 팔꿈치의타박상 3회 진료 기록으로, 입대 전 팔꿈치 부위 진료 받은 기록 확인되는 점 등을 감안할 때,

라) 신청상이는 국가의 수호·안전보장 등과 직접적인 관련이 있는 직무수행이나 교육훈련과 상당한 인과관계가 되어 발병하였다거나, 그 밖의 직무수행 또는 교육훈련과 상당한 인과관계가 되어 발병 또는 악화되었다고 인정할 만한 객관적인 자료가 확인되지 아니하여, 국가유공자 등 예우 및 지원에 관한 법률과 보훈보상대상자 지원에 관한 법률에서 정한 공상군경 및 재해부상군경 요건에 해당하지 아니

⑨ 소속기관에서 공상으로 의결한 사실은 확인되나, 병무청의 징병 신체검사는 정밀 검사 없이 형식적으로 이루어지는 경우가 많으며, 상이처의 발병과 관련한 특이 외상력이 확인되지 않고, 건강보험요양급여내역 확인 결과 입대 이전에 동일한 부위에 병력이 확인된다는 이유로 요건 비해당이 되었다.

> 라. 따라서, 신청상이 '우 슬관절 외측반월상연골 전각 종파열(전절제술, 이식술)'은 병상일지상 입대 4개월경 무릎 통증으로 진단 및 수술 받은 기록이 확인되고, 공무상병인증서 상 동 상병 경위로 '공상' 의결된 기록이 확인되나, 특이 외상력 없이 발현한 것으로 확인되고, 건강보험요양급여내역 조회 결과 입대 전 '축구 경기중 상대 공격수가 무릎 밟고' 경위로 3회 진료 받은 기록이 확인되며, 우리 위원회 의학자문 결과 '입대전 슬관절 외상 및 진료 기록 확인 필요하다'는 소견 등을 고려하여 볼 때, 동 부상은 입대전 병변으로 판단되므로, 이는 군 공무수행과 상당인과관계가 되어 발병 또는 악화된 것으로 인정하지 아니하며, 이는 국가유공자 등 예우 및 지원에 관한 법률과 보훈보상대상자 지원에 관한 법률 규정에 의한 국가유공자 및 보훈보상대상자 요건에 해당하지 아니함.

> 3) 따라서 신청 상이 '연골파열(※우슬관절)'은 신청인이 '정상 입대하였고 신병교육훈련으로 인해 자연 경과이상으로 악화되었다'고 진술하고, 병상일지에 군 복무중 진단 및 수술치료 받은 기록이 확인되나, 임상기록지(1987.04.27) 및 간호기록지(1987.05.07)에 입대 전 과거력 기록이 확인되는 점, 공무상병인증서(1987.04.21)에 '1987.4.13.경부터 양쪽 무릎에 심한 통증을 느끼다'의 기록이 확인되어 군 직무수행과 연관된 특이 외상력이 확인되지 아니하는 점, 징병신체검사에서 정상으로 입대하였다 하더라도 정밀검사가 아닌 한 잠재적 소인을 발견하기는 어렵다고 판단되는 점, 중앙행정심판위원회에서도 '기각' 재결된 점, 군 직무수행 등으로 발병한 것이거나 군 입대 이전 병변이 군 직무수행으로 자연적인 진행경과 이상으로 악화되었다고 볼 만한 기록이 확인되지 아니하는 점, 지난 번 심의의결 내용을 변경할 만한 사정변동 사항도 확인되지 아니하는 점 등을 감안할 때, 신청상이는 국가의 수호·안정보장 등과 직접적인 관련이 있는 직무수행이나 교육훈련과 상당 인과관계가 되어 발병(발생)하였거나 그 외 직무수행 또는 교육 훈련과 상당 인과관계가 되어 발병 또는 악화된 것으로 인정하기 곤란하다고 판단되므로, 국가유공자 등 예우 및 지원에 관한 법률과 보훈보상대상자 지원에 관한 법률 규정에 의한 국가유공자 및 보훈보상대상자 요건에 해당하지 아니함.

⑩ 상이처에 대한 전문의학자료 및 판례 등에 의하면, '중이염은 어린 시절 발병하여 수년 혹은 수십 년간 염증의 재발과 진정을 반복하는 질환으로 일반 사회생활 중에도 쉽게 발병하므로 공무관련성을 따질 수가 없다.'고 정의하고 있으며, 고음역에서 현저한 청력 소실을 보이는 소음성 난청의 양상이 아니라는 이유로 요건 비해당이 되었다.

> - 군 병원 및 민간병원에서 '삼출성 중이염, 유착성 중이염, 만성진주종성 중이염'으로 치료 및 수술 받은 기록은 확인되나, 신청인이 진술하는 바와 같은 부상(발병) 경위는 확인되지 아니하고, 공무수행이나 교육훈련과 관련한 외상을 입었다거나 상당한 인과관계가 되어 신청 상이가 발병 또는 현저히 악화되었다고 인정할 만한 기록도 확인되지 아니하며,
>
> - 위 전문의학자료 및 판례 등에 의하면 "만성 화농성 중이염(급성중이도염, 삼출성중이염)은 대개 어린 시절 발병하여 수년 혹은 수십년간 염증의 재발과 진정을 반복하는 질환으로 일반 사회생활 중에도 쉽게 발병하므로 공무관련성을 따질 수 없다"고 한 바, 위 상병은 군 복무라는 특수한 상황을 제외하더라도 일반 사회생활을 하면서도 다양한 원인에 의해 재발 및 악화 가능한 질병으로, 군 공무에 기인한 특별한 재발 또는 악화요인이 확인되지 아니하는 한 군 복무기간 중 재발 또는 악화되었다는 사실만으로 공무기인성을 인정하기는 어렵다고 판단되고,
>
> - 군 병원 및 민간병원 진료기록에서 확인되는 이명 및 난청, 청력 소실은 중이염에 따른 제반 증상으로, 전역 후에 진료 받은 인천보훈병원 진단서에도 '양쪽 전음성 난청' 소견 관찰 된다는 내용으로 이는 고음역에서 현저한 청력소실을 보이는 소음성 난청 양상으로 보기 어려운 점 등을 고려할 때,
>
> - 신청 상이 '양측 귀의 중이염, 양측 귀의 청력손실'은 국가의 수호·안전보장 등과 직접적인 관련이 있는 직무수행이나 교육훈련이 원인이 되어 발생(발병)하였다고 인정하기 어렵고, 국가의 수호·안전보장 등과 직접적인 관련이 없는 직무수행이나 교육훈련 중 발생(발병)하였다거나, 그밖의 공무수행 등과 상당한 인과관계가 되어 발병(발생) 또는 자연경과적인 진행속도 이상으로 현저히 악화된 것으로 인정하기 어렵다고 판단되어 국가유공자 등 예우 및 지원에 관한 법률과 보훈보상대상자 지원에 관한 법률 규정에 의한 국가유공자 및 보훈보상대상자 요건에 해당하지 아니하는 것으로 의결함.

⑪ 무혈성괴사는 자가면역질환으로 직무수행 또는 교육훈련 중에 골절이나 탈구 등의 부상 등이 확인되지 않는 경우에는 공무관련성을 인정하지 않으며, 민간병원 의무기록의 검토 결과 특이 외상력 없이 상이처가 발병된 것으로 확인된다는 이유로 요건 비해당이 되었다.

> 다) 민간병원(강북삼성병원) 외래초진기록지(2020.5.19.)에 '우측 제2족지 통증, 내원 1년전부터 외상없이 증상 발생'의 기록 이외에 군 공무수행과 관련하여 특별한 외상력이 가해져 부상을 입었다는 기록이 확인되지 아니하고,
>
> 라) 군병원 영상자료(2020.4.21. 우측 족무 CT)에 대한 우리 위원회 재확인 검토(2021.4.29.) 결과 '제2중족골 골두 골연골증, 프라이버그 의심됨.'의 의학적 소견 제시되었고, 민간병원 퇴원요약지(2020.6.25.)에 '<주진단명> 제2중족의 골연골증(연소성)[프라이버그]'의 기록 확인되며,
>
> 마) '무혈성 괴사'에 대한 관련규정에 직무수행 또는 교육훈련중 발생한 골절,탈구 등의 부상, 잠수병, 약물중독 등이 원인이 되어 발생하거나 현저히 악화된 것으로 의학적으로 판단된다거나 인정된 무혈성 괴사를 공무수행 중 질병으로 인정한다고 규정하고 있고,
>
> 바) 민간병원 진료기록에 의대 1년 3개월경인 2020.3.24. 특이 외상력 없이 우측 족지 통증으로 진료받기 시작하여 3개월 후인 2020.6.24. 수술적 치료 시행한 후 전역하였고, 전역 약 2개월 후 진료받은 민간병원 외래진료기록지(2020.10.6.)에 'X-ray상 완전 골 유합, 증상없음, 통증 전혀 없음'의 기록 확인되며, 달리 군 공무수행으로 인해 적절한 진단과 치료가 지연되어 자연경과적인 진행 속도 이상으로 현저하게 상태가 악화되었다고 볼 만한 객관적인 입증자료도 확인되지 아니한 점 등을 종합적으로 고려할 때,
>
> 사) 신청상이는 국가의 수호·안전보장 등과 직접적인 관련이 있는 직무수행이나 교육훈련 중 입은 상이로 인정하지 아니하여 국가유공자 등 예우 및 지원에 관한 법률 규정에 의한 국가유공자 요건에 해당하지 아니하고, 또한 국가의 수호·안전보장 등과 직접적인 관련이 없는 직무수행이나 교육훈련 중 입은 상이 및 공무수행과 상당인과관계가 되어 발병 또는 악화된 것으로 인정하지 아니하여 보훈보상대상자 지원에 관한 법률 규정에 의한 보훈보상대상자 요건에 해당하지 아니하는 것으로 의결함.

⑫ 상이처에 대한 자료를 검토한 결과, 신청인이 특별한 업무를 수행하여 단기적, 만성적으로 뇌혈관의 정상적인 기능에 뚜렷한 영향을 줄 정도의 육체적, 정신적으로 과도한 업무 부담이 있었다고 볼 만한 객관적인 증거와 사유가 확인되지 않는다는 이유로 요건 비해당이 되었다.

- 군병원 신체검사결과(1992.6.17./ 2002.11.13.) 상 '혈압 : 150 /110 mmHg, 150 /80 mmHg' 기록 확인되고, 군병원 건강상담일지(2001년) 상 '현재 고지혈증과 동맥경화 약 복용, 흡연량(1갑)' 기록, 항공의료원 환자수기진기록지(2002.6.28.) 상 '아주대 수진(동맥경화증, 고지혈증)' 기록 확인되어, 뇌혈관. 심장혈관 질환 위험인자(고혈압, 당뇨, 동맥경화, 고지혈증)를 내재하고 있었던 점,

- 아주대학교병원 신경과 외래기록(2002.7.24.) 상 '일과성 허혈발작' 기록으로, 신청인이 진술하는 2004, 2005년 증상 발현 전부터 관련 질환이 발현되었던 점,

- 아주대학교 경과기록지(2005.3.28.) 상 '일과성허혈성 발작으로 진단받고 1년 전까지 추적관찰하다가 자의로 스탑' 기록으로, 기저질환을 관리하지 않았던 점,

- 아주대학교 순환기내과 퇴원요약지 상 2008.1.22. '관상동맥 폐쇄성 질환 (2혈관 질환)'으로, '좌전하행동맥근위중간부, 좌회선지동맥 근위 원위부 중재술' 시행하였고, 관상동맥조영술 및 경피적관상동맥중재술 보고서(2018.4.9.)상 '2개 혈관 만성동맥 폐쇄성 질환'으로, '좌전하행분지 중간부에 스텐트 삽입(2회)' 시행한 기록 확인되나, 이는 전역 후 2년, 12년이 경과하여 발병한 것으로, 동 질병의 발병 및 악화와 군 공무수행과의 인과관계를 인정하기는 어려운 점,

- 신청인이 특별한 업무를 수행하여 단기적·만성적으로 뇌혈관의 정상적인 기능에 뚜렷한 영향을 줄 정도의 육체적·정신적 과도한 업무 부담이 있었다고 볼만한 객관적 자료가 확인되지 아니하는 점 등을 감안할 때,

- 신청상이는 국가의 수호·안전보장 등과 직접적인 관련이 있는 군 직무수행이나 교육훈련이 직접적인 원인이 되어 발생하였다거나, 그 밖의 군 직무수행 또는 교육훈련과 상당인과관계가 있어 발병 또는 악화되었다고 인정하기 어렵다고 판단되며, 이는 국가유공자 등 예우 및 지원에 관한 법률과 보훈보상대상자 지원에 관한 법률에서 정한 공상군경 및 재해부상군경 요건에 해당하지 아니함.

⑬ 소속기관의 요건관련사실확인서에 원상병명 '폐결핵 활동성 중등도'로 통보된 기록은 확인되나, 결핵은 비말 또는 비말핵에 의한 전염성 질환으로, 국가의 수호 및 안전보장 등과 직접적인 직무수행으로 인하여 발병하였다고 보기는 어렵다는 이유로 요건 비해당이 되었다.

⑭ 신청인은 특수한 근무환경에서 특별히 고된 훈련 및 업무를 하면서 감내하기 어려울 정도의 육체적, 정신적인 스트레스 환경에 처해 있었다거나 적절한 치료를 받지 못하였다고 볼 만한 객관적인 자료가 존재하지 않는다는 이유로 요건 비해당이 되었다.

⑮ 신청인은 출퇴근이 자유로운 간부로 일상생활에서 상이처의 발병 가능성도 배제할 수 없으며, 일반적인 군 복무의 범주를 벗어나서 특수한 업무환경에서 근무함으로써 상이처가 발생 또는 악화되었다거나, 적시 적절한 치료 또는 조치를 받지 못하여 자연경관적인 진행 속도 이상으로 급격히 악화되었다고 인정할 만한 구체적, 객관적인 기록도 없다는 이유로 요건 비해당이 되었다.

- 신청인은 출원근이 자유로운 장교로 일상생활에서 동 질병의 발병가능성도 배제할 수 없으며, 일반적인 군복무의 범주를 벗어나서 특수한 업무환경에서 근무함으로써 동 질병이 발생 또는 악화되었다거나, 적시 적절한 치료 또는 조치를 받지 못하여 자연경과적인 진행속도 이상으로 급격히 악화되었다고 인정할 만한 구체적, 객관적 기록도 확인되지 아니한 점,

- 의학정보 상 만성 신부전의 원인은 지역 및 나이 등에 따라 다르지만, 한국에서의 주된 발병원인은 당뇨병성 신장질환(41%), 고혈압(16%), 사구체신염(14%) 등이다. 그 밖의 원인으로는 다낭성 신질환과 기타 요로질환이 있다. 만성신부전은 3개월이상 신장이 손상되어 있거나, 신장기능 감소가 지속적으로 나타나는 질병이라는 자료가 확인되는 점 등을 감안할 때,

- 신청인의 '신장질환'은 국가의 수호, 안전보장 등과 직접적인 관련이 있는 군 직무수행이나 교육훈련이 직접적인 원인이 되어 발생하였다거나, 그 밖의 군 직무수행 또는 교육훈련과 상당인과관계가 되어 발병 또는 악화되었다고 인정하기 어렵다고 판단되어, 이는 국가유공자 등 예우 및 지원에 관한 법률과 보훈보상대상자 지원에 관한 법률에서 정한 공상군경 및 재해부상군경 요건에 해당하지 아니함.

⑯ 신청인이 진술하는 이전부터 상이처와 관련한 병력이 확인되고, 관련 자료를 비교한 결과 상이처의 발병 원인이 일치되지 않고, 부사관으로 출퇴근이 비교적 자유로우며, 전역 후 수년이 지나서 수술적 치료를 받았다는 이유로 요건 비해당이 되었다.

> 7) 따라서, 신청 상이 '족관절 만성 불안정성, 우측 발목 인대 파열'은 신청인이 '2008.5.15. 부대 내 5고가 일대에서 산악행군 도중 발목 인대를 다쳤고, 임관 전에 발목의 염좌 및 긴장으로 14회 진료 받은 사실이 있으나, 특수전교육단 및 9공수특전여단의 직무수행 및 교육훈련을 받으면서 반복적인 수상으로 인해 족관절 만성 불안정성으로 악화가 된 것이다'라고 진술하고 있고, 공무상병인증서(2010.4.7.)에 '2008.5.15. 중대 산악 군도중 5고가 부근에서 발목인대를 다치고, 해상작계 시행훈련 중 2010.3.9. 고무보트 조립간 이동시키다 발목을 접질려..'의 기록이 확인되나, 병상일지 등 관련자료를 확인한 결과 임관 8개월경 최초 진료 받은 국군수도병원 외래환자진료기록지(2008.1.31.)에 '훈련, 행군 간 자주 우측 발목을 접지른다'는 기록이 확인되어 신청인이 진술하는 부상일 이전부터 병변이 있어왔던 것으로 판단되고, 훈련 및 행군과 관련하여 특별한 외상력이 가해져 부상을 입었다는 기록도 확인되지 아니하며, 건강보험 요양급여내역 조회 결과 임관 이전에 '발목의 염좌 및 긴장'으로 14회 진료 받은 기록이 확인되어, 이에 대한 팽봉기정형외과 진료기록부를 확인한 결과 2003.6.24. 축구하다 다쳐 2003.6.28. ~ 2003.8.16 까지 '종관절 염좌'로 진료 받은 기록과 국군수도병원 외래환자진료기록지(2008.1.31.)에 '2년 전(임관 전)에 야구하다가 발목 다침'의 과거력 기록이 확인되는 점으로 보아 군 복무 중 외상에 의한 부상이라기 보다는 군 입대 이전 병변의 일종일 가능성을 배제할 수 없고, 군 입대 이전 병변이 군 직무수행 등으로 인해 자연경과적인 진행 속도 이상으로 급격하게 상태가 악화되었다고 볼 만한 별다른 기록이 확인되지 아니하며, 「전거비인대 파열, 브로스트롬 수술, 건염, 결절종」에 대한 전문의 의학적 소견(위 6)-가)~라)항과 같이 제시되어 있고, 메트로병원 수술기록지(2014.5.9.)에 '우측 종관절 외측인대 파열(재건술)'의 기록이 확인되니 이는 전역하고 2년 11개월 지나서 수술한 것으로서 이를 군 복무 중 부상의 입증자료로 보기에는 객관성, 신뢰성을 인정하기 어렵다고 판단되며, 신청인은 24시간 국가로부터 통제 받는 사병과 달리 비교적 출입과 이동의 자유가 보장되는 부사관으로서 군 직무수행으로 인해 적절한 진단과 치료의 시기를 놓침으로써 그 증상이 자연경과적인 진행 속도 이상으로 급격하게 악화되었다고 볼 만한 기록도 확인되지 아니하고, 지난 번 심의결 내용을 번복할 만한 객관적인 사정변동 사항도 확인되지 아니하는 점을 감안할 때, 신청 상이는 국가의 수호·안전보장 등과 직접적인 관련이 있는 직무수행이나 교육훈련과 상당 인과관계가 되어 발병(발생)하였거나 그 밖의 직무수행과 교육훈련과 상당 인과관계가 되어 발병(발생) 또는 악화된 것으로 인정하기 어렵다고 판단되므로 이는 국가유공자 등 예우 및 지원에 관한 법률과 보훈보상대상자 지원에 관한 법률 규정에 의한 국가유공자 및 보훈보상대상자 요건에 해당하지 아니함.

⑰ 상이처에 대하여 소속기관의 공무상병인증서에 '비전공상'으로 의결되었고, 병상일지에 입대 전 과거력이 확인되며, 군 직무수행이나 교육훈련으로 인하여 자연경과적 이상으로 악화되었다고 인정할 만한 특이 외상력도 확인되지 않는다는 이유 등으로 요건 비해당이 되었다.

> 처치 없이 훈련하고 자대에서 공사하다가 무리 가며 우측 슬관절 통증 심해 본원 방문하고 입실' 기록이 확인되어 입대전 과거력이 확인되며, 훈련소때부터 무릎 통증 있었던 것으로 확인됨.
>
> 4) 따라서, 신청상이 '우측 슬관절 전방십자인대 진구성 파열(재건술), 우측 슬관절 내측반월상연골 양동이손잡이형 파열(아전절제술)'은 신청인 진술상 '건강한 신체조건으로 입대하여 신병교육훈련 행군 훈련 당시 무릎이 빠지는 통증을 느꼈으나 문제없이 잘 수료한 후 1993.9월 수송부에서 무거운 물건을 드는 작업으로 인해 급격히 무릎 통증이 다시 발생하였다고 진술'하고, 병상일지상 입대 7개월경인 1993.11.30. 우측 슬관절 통증 발생하여 진단 및 수술 받은 기록이 확인되나, 공무상병인증서상 '비전공상'으로 의결되었고, 간호기록지 상 입대전 과거력이 확인되며, 물리치료카드 상 입대 직후 훈련소때부터 무릎 통증 있었던 것으로 확인되고, 군 복무 중 자연경과적 이상으로 악화되었다고 인정할 만한 특이 외상력이 확인되지 아니하는 점 등을 감안하여 볼 때, 동 부상은 국가의 수호·안전보장 등과 직접적인 관련이 있는 직무행이나 교육 훈련 중 입은 상이로 인정하기 어렵고, 국가의 수호·안전보장 등과 직접적인 관련이 없는 직무수행이나 교육훈련 중 상이를 입었거나 공무수행과 상당 인과관계가 되어 발병 또는 악화된 것으로 인정하기 어려운 것으로 판단되어, 이는 국가유공자 등 예우 및 지원에 관한 법률과 보훈보상대상자 지원에 관한 법률 규정에 의한 국가유공자 및 보훈보상대상자 요건에 해당하지 아니함.

VII.
국가유공자 행정심판

1. 행정심판

(1) 행정심판의 의의

행정심판이란 행정청의 위법, 부당한 처분, 그 밖에 공권력의 행사·불행사 등으로 권리나 이익을 침해받은 국민이 행정기관에 청구하는 권리구제 절차를 말한다. 대한민국 헌법은 재판의 전심절차로서 행정심판을 할 수 있고 그 절차는 법률로 정하되, 사법절차가 준용되어야 한다고 규정해 행정심판이 행정상 분쟁에 준하는 성질을 가지고 있다는 것을 강조하고 있다.

(2) 행정심판의 기능

자율적 행정통제: 행정심판은 행정기관에 의한 행정활동의 자율적 통제기회를 보장하는 데 그 취지가 있다. 행정관청으로 하여금 그 행정처분을 다시 검토하여 시정할 수 있는 기회를 줌으로써 행정권의 자주성을 존중한다.(대법원 1988.2.23. 선고 87누704판결)

사법기능의 보충: 행정심판은 행정상의 분쟁을 상대적으로 간이한 절차에 따라 심리 판정하게 함으로써 행정에 관한 전문지식을 활용하고, 사법절차에 따르는 시간·경비의 낭비를 피하며, 소송 경제를 실현해 사법기능을 보충하는 역할을 한다.

법원과 청구인의 부담 경감: 행정심판제도가 객관적이고 공정하게 운영되는 경우, 행정상 분쟁의 1차적 여과기능을 수행해 법원의 부담을 경감시키고, 국민에게도 불필요한 시간의 낭비 또는 경비의 지출을 방지해 줄 수 있다.

(3) 행정심판의 종류

행정심판법은 행정심판의 종류를 취소심판, 무효등확인심판, 의무이행심판으로 구분하고 있다.

(4) 행정심판기관

행정심판기관이란 행정심판청구를 심리 및 재결하는 권한을 가진 행정기관을 말하는데, 행정심판위원회(시도지사 소속 등)와 중앙행정심판위원회(국민권익위원회)가 있다. 청구인의 주소지를 관할하는 보훈(지)청에서 요건 비해당 및 상이등급 기준미달 처분 등을 받게 되므로, 국가유공자 행정심판은 특별한 사정이 없다면 중앙행정심판위원회가 담당한다.

(5) 행정심판의 대상

행정심판법은 행정청의 처분 또는 부작위에 대해서는 다른 법률에 특별한 규정이 있는 경우 외에는 이 법에 따라 행정심판을 청구할 수 있다고 규정해 행정심판의 대상을 행정청의 위법 부당한 처분이나 부작위로 명시하고 있다.

(6) 행정처분

처분의 의미: 행정심판법은 행정심판의 대상인 처분을 행정청이 행하는 구체적 사실에 관한 법집행으로서의 공권력의 행사 또는 그 거부와 그 밖에 이에 준하는 행정작용이라고 정의하고 있다.

구체적 사실에 관한 법집행

공권력의 행사 또는 그 거부

그 밖에 이에 준하는 행정작용

국가유공자 행정심판의 대상(예시)

- 국가유공자 등록 거부 처분
- 보훈보상대상자 등록 거부 처분
- 상이등급 구분 신체검사 판정 처분
- 고엽제후유증환자 등급 판정처분
- 고엽제후유증환자 등록 거부 처분

(7) 행정심판의 절차

심판청구서의 제출

행정심판을 청구하려는 자는 심판청구서를 작성해 피청구인이나 소관 행정심판위원회에 제출해야 한다. 이 경우 피청구인의 수만큼 심판청구서 부본을 함께 제출해야 한다.

답변서의 제출

청구인의 행정심판청구가 있으면 행정심판의 상대방인 처분청은 청구인의 청구에 대한 반박 자료인 답변서를 심판청구서를 받은 날로부터 10일 이내에 작성해 심판청구서와 함께 행정심판위원회에 제출한다. 행정심판위원회는 피청구인의 답변서를 청구인에게 송달해 청구인이 처분청의 주장을 알 수 있도록 한다.

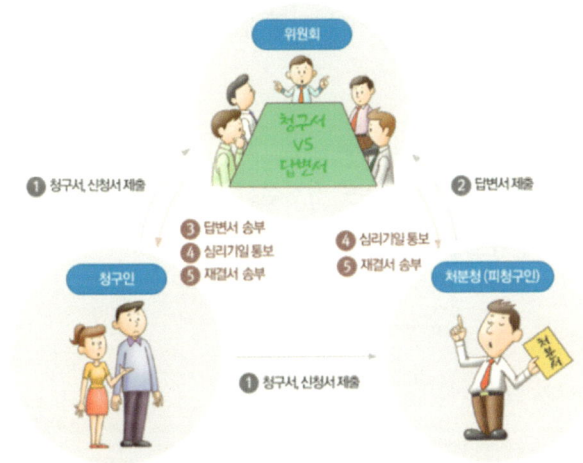

사건회부

처분청은 제출된 청구인의 청구서와 답변서를 지체 없이 행정심판위원회에 회부해 행정심판위원회가 심판청구 사건을 신속히 심리할 수 있도록 한다.

심리

행정심판위원회는 처분청으로부터 회부된 사건에 대해 청구인과 피청구인의 주장을 충분히 검토 후, 심리 기일을 정해 행정처분의 위법·부당 여부를 판단하는 심리를 한다. 심리가 이루어지면 행정심판위원회는 심리 결과를 처분청 및 청구인에게 송부한다.

재결

행정심판위원회의 재결은 행정심판청구 사건에 대한 판단을 대외적으로 청구인과 피청구인에게 알리는 것으로 재결서를 청구인과 피청구인에게 송달한다. 재결의 효력은 재결서가 송달되어야 발생하고, 재결의 유형은 인용·일부인용·기각·각하 등으로 통지된다.

(8) 재결에 대한 불복

행정심판의 재결에 대해서는 행정심판을 다시 청구할 수가 없고, 90일 이내에 행정소송을 제기할 수가 있다.

2. 행정소송의 제기

(1) 원처분중심주의

취소 소송은 원칙적으로 행정청의 원처분을 대상으로 한다. 따라서 행정심판위원회의 재결은 예외적으로 재결 자체에 대한 고유한 위법이 있는 경우에 한해 제기할 수가 있다.

(2) 행정소송과 행정심판과의 관계

행정심판은 처분을 행한 행정청에 대해 이의를 제기하여 처분청의 상급기관으로 하여금 다시 한번 심리하도록 하여 법원의 간섭 없이 행정청 스스로 행정의 능률성과 동일성을 확보하기 위하여 행정청에 마련된 제도이며, 이에 반하여 행정소송은 행정청의 위법한 처분, 그 밖의 공권력의 행사, 불행사 등으로 인한 국민의 권리 또는 이익의 침해를 구제하고 공법상의 권리관계 또는 법적용에 관한 분쟁해결을 도모하는 법원의 재판절차이다.

취소소송은 법령에 따라 해당 처분에 대해 행정심판을 제기할 수 있는 경우에도 이를 거치지 않고 제기할 수 있다. 다만, 다른 법률에 해당 처분에 대한 행정심판의 재결을 거치지 않으면 취소소송을 제기할 수 없다는 규정이 있는 경우에는 그렇지 않다(행정소송법 제18조 제1항).

3. 행정심판 재결서(샘플 사례)

구 분	국가유공자(월남전 참전유공자)
신 분	군인(해병대)
특이사항	- 2019년 4월 국가유공자(참전유공자) 등록신청 - 2019년 7월 국가유공자(참전유공자) 비해당 처분 - 2019년 9월 국가유공자(참전유공자) 비해당 처분에 대한 행정심판 청구 - 2019년 11월 심리기일 지연 통보 - 2020년 12월, 2020년 2월 보충서면 1차, 2차 제출 - 2020년 4월 국가유공자(참전유공자) 행정심판 인용 재결

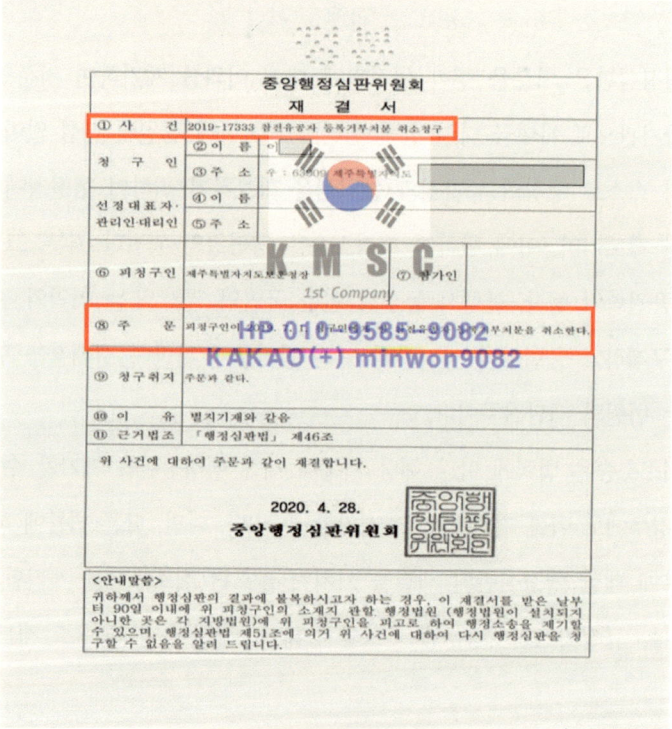

중앙행정심판위원회

재 결

| 사 건 | 2019-17333 참전유공자 등록거부처분 취소청구 |

청 구 인   이

제주특별자치도

[송달장소: 서울특별시 용산구 이태원로 2-1, 103호]

피청구인   제주특별자치도보훈청장

심판청구일   2019. 9. 9.

주 문

피청구인이 2019. 7. 1. 청구인에게 한 참전유공자 등록거부처분을 취소한다.

청구취지

주문과 같다.

이 유

1. 사건개요

청구인은 해병대 2여단(청룡부대) 소속으로 월남전에 참전하였다고 주장하며 2019. 5. 7. 피청구인에게 참전유공자 등록신청을 하였으나, 피청구인은 청구인의 파월기간을 확인할 수 있는 객관적 자료가 없다는 이유로 2019. 7. 1. 청구인에게 참전유공자 등록

거부처분(이하 '이 사건 처분'이라 한다)을 하였다.

2. 청구인 주장

3. 피청구인 주장

4. 관계법령

참전유공자 예우 및 단체설립에 관한 법률 제2조, 제5조, 제8조

참전유공자 예우 및 단체설립에 관한 법률 시행령 제5조, 제18조

구 월남참전기장령(1970. 4. 20. 대통령령 제4932호로 전부개정·시행되기 전의 것, 이하 같다) 제1조, 제2조

구 군인연금법 시행규칙(1982. 11. 6. 국방부령 제349호로 일부개정·시행되기 전의 것, 이하 같다) 제4조, 별표 2

5. 인정사실

청구인과 피청구인이 제출한 처분서, 병적증명서, 등록신청서 등에 기재된 내용을 종합하면 다음과 같은 사실을 인정할 수 있다.

가. ~~~~~~ 람
이다.
나. ~~~~~~ 과
같이

- 다 음 -

○ 군번: 93████18

○ 군경력

  - 파월기간: 1966. 7. 22. ~ 귀국일 확인불가

다. 청구인은 2019. 5. 7. 피청구인에게 참전유공자 등록신청을 하였다.

라. 피청구인이 해군역사기록관리단장에게 청구인의 참전사실 확인요청을 하자, 해군역사기록단장은 2019. 5. 10. 피청구인에게 다음과 같이 회신하였다.

- 다 음 -

○ 파월확인결과

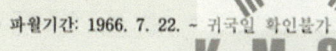

마. 피청구인이 해병대사령관에게 청구인의 참전사실 확인요청을 하자, 해병대사령관은 2019. 6. 10. 피청구인에게 다음과 같이 회신하였다.

- 다 음 -

가. 　　　　　　　　　　　　　　　　　　　　　　　람
이다.
나.　　　　　　　　　　　　　　　　　　　　　　　　과
같이

- 다　음 -

○ 군번: 9318

○ 군경력
　- 파월기간: 1966. 7. 22. ~ 귀국일 확인불가

다. 청구인은 2019. 5. 7. 피청구인에게 참전유공자 등록신청을 하였다.

라. 피청구인이 해군역사기록관리단장에게 청구인의 참전사실 확인요청을 하자, 해군역사기록단장은 2019. 5. 10. 피청구인에게 다음과 같이 회신하였다.

- 다　음 -

○ 파월확인결과

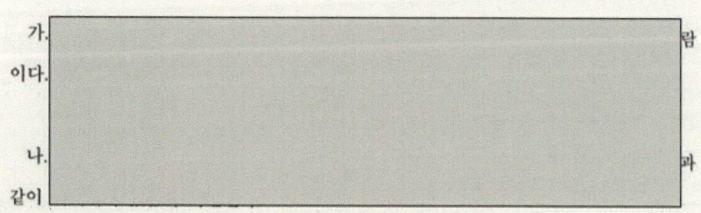

마. 피청구인이 해병대사령관에게 청구인의 참전사실 확인요청을 하자, 해병대사령관은 2019. 6. 10. 피청구인에게 다음과 같이 회신하였다.

- 다　음 -

○ 조회결과
-
-

바. 피청구인은 2019. 7. 1. 청구인에게 다음과 같은 이유로 이 사건 처분을 하였다.

- 다 음 -

○ 우리 청에서는 귀하의 파월기간을 확인할 수 있는 객관적 자료가 없음으로 참전유공자 등록요건 비해당으로 귀하를 「참전유공자 예우 및 단체설립에 관한 법률」 적용 비대상으로 결정하였음을 알려 드립니다.

5. 이 사건 처분의 위법·부당 여부

가. 관계법령의 내용

1) 「참전유공자 예우 및 단체설립에 관한 법률」 제2조, 제5조, 제40조, 같은 법 시행령 제5조 및 제18조 등에 따르면, 참전유공자란 6·25전쟁(1950년 6월 25일부터 1953년 7월 27일 사이에 발생한 전투 등)에 참전하고 전역한 군인, 「병역법」 또는 「군인사법」에 의한 현역복무 중 1964년 7월 18일부터 1973년 3월 23일까지 사이에 월남전쟁에 참전하고 전역된 군인, 6·25전쟁에 참전(병역의무 없이 참전한 소년지원병을 포함한다)한 사실 또는 월남전쟁에 참전한 사실이 있다고 국방부장관이 인정한 사람, 경찰서장 등 경찰관서장의 지휘·통제를 받아 6·25전쟁에 참전한 사실이 있다고 경찰청장이 인정한 사람 등을 말하는데, 참전유공자로서 이 법을 적용받으려는 사람은 대통령령으로 정하는 바에 따라 지방보훈청장 또는 보훈지청장에게 등록을 신청하여야 하고, 지방보훈청장 또는 보훈지청장은 위 등록신청을 받으면 국방부장관에게 등록신청인에 대한 참전사실의 확인을 요청하여야 하며, 국방부장관은 참전과 관련된 사실을 확인하

여 신청인과 지방보훈청장 또는 보훈지청장에게 지체 없이 통보하여야 하고, 지방보훈청장 또는 보훈지청장은 참전유공자로서 요건을 확인한 후 등록 여부를 결정하여 이를 등록신청인에게 통지하여야 한다.

2) 구 「월남참전기장령」 제2조에 따르면, 주월남공화국한국군사령부 소속의 군인 및 군속, 주월남공화국한국군사령부의 대공작전을 위한 병력 및 군수물자의 수송, 기타 업무에 종사하는 군인 및 군속에게는 월남참전기장을 수여한다.

3) 구 「군인연금법 시행규칙」 제4조 및 별표 2에 따르면, 청룡부대 계획단은 1965. 9. 15.부터 1970. 2. 29.까지, 청룡부대 선발대는 1965. 9. 25.부터 1970. 2. 29.까지, 청룡부대는 1965. 10. 3.부터 1976. 2. 29.까지 월남지역에서 전투에 참가하였다.

나. 판단

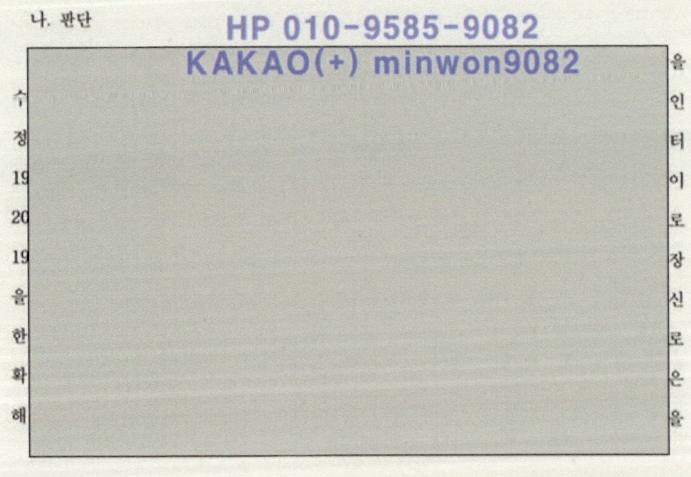

청구인의 이 사건 처분은 위법·부당하다.

7. 결 론

그렇다면 청구인의 주장을 인정할 수 있으므로 청구인의 청구를 받아들이기로 하여 주문과 같이 재결한다.

2020. 4. 28.

중앙행정심판위원회

VIII.

국가보훈대상자에 대한 질문과 답변

Ⅷ. 국가보훈대상자에 대한 질문과 답변

 2002년 1월 국가유공자 보훈 행정사 사무실을 개업하여 2021년 12월 현재까지 국가민원지원센터를 운영하면서, 국가유공자에 대한 수많은 질문과 상담을 하였습니다. 자주 하는 질문을 간단하게 간추려 보았는데, 국가유공자에 대한 궁금한 점이 조금이나마 해결되기를 바랍니다.

Q1.

보훈심사에서 공무상 부상(질병)으로 인정받지 못한 경우(비해당) 다시 신청을 할 수 있나요?

A1.

동일한 상이치에 대하여 동일한 내용과 사료로 재심사신청을 하는 것은 불가능합니다. 그러나 심사 이후에 부상(질병)과 관련한 새로운 입증자료(지휘관 확인서 등)가 있을 경우에는 관할 보훈(지)청에 제출하여 이의신청을 할 수가 있습니다.

또한, 상이처에 대한 주장 논리 및 새로운 자료 등을 보완하여 기관에 관계없이 재등록을 할 수가 있으나, 신규 등록 보다는 해당될 가능성이 낮으므로 신중하게 접근을 해야 합니다. 물론 이의신청과는 별개로 행정심판이나 행정소송도 가능합니다.

Q2.

국가유공자 신청을 늦게 하였을 경우 전역 시점부터 보훈 수혜를 받을 수 있는지요?

A2.

국가유공자 등록신청 이전까지 소급하여 보상금이 지급되지는 않습니다. 국가유공자법에 의거하여 국가보훈처에서 각종 보상을 받기 위해서는 등록신청하도록 되어 있으며, 동법 적용 대상자로 결정된 국가유공자에게는 '등록신청을 한 날이 속하는 달로부터' 각종 보상을 실시하도록 규정되어 있습니다. 따라서 등록신청을 하기 전의 기간에 대해서는 소급하여 보훈급여금이 지급되지 않습니다.

한편, 등록신청하기 전의 기간에 대하여 소급 대상을 해달라는 소송 건에 대하여는 대법원에서 기각결정(1998.3.13.)을 한 바 있으며, 또한 동일 사안에 대한 헌법소원에 대하여도 헌법재판소의 합헌결정(1995.7.21.)이 있었습니다.

Q3.

군인이나 경찰은 전역 또는 퇴직 후 신청이 가능하다고 알고 있는데, 어떤 공무원은 국가유공자로 등록되어 근무하고 계십니다. 복무 중 보훈심사의 신청이 가능한가요?

A3.

과거 일반직 공무원은 재직 중에 신청이 가능하였고, 경찰 군인 등을 퇴직을 한 이후에 신청이 가능한 것이 사실이었습니다. 현재는 퇴직(전역)일자가 확정이 되신 분들 중 퇴직(전역)일 6개월 이전부터 보훈심사를 접수할 수가 있습니다.

Q4.

부친께서 과거 월남전에 참전을 하셨고, 고엽제후유증에 해당하는 질병으로 고생을 하시다가 사망을 하였습니다. 국가유공자의 유족으로 등록하고 싶은데 어떻게 해야 하나요?

A4.

국가유공자 및 유족의 등록 절차는 주소지 관할 보훈(지)청에 순직공무원 및 유족 등록신청을 하면 됩니다. 다만, 고인이 고엽제후유증에 해당질병에 대한 자료의 검토와 상이등급 판정 시 유족까지 혜택을 받을 수 있는지에 대하여 검토를 한 이후에 진행을 하시기 바랍니다.

Q5.

국가유공자 등록신청을 하였으나 국가유공자 요건 비해당 결정 처분을 받은 경우에는 어떻게 해야 하나요?

A5.

국가유공자 요건 비해당 처분에 불복할 경우에는 그 처분이 있음을 안 날로부터 90일 이내에 행정심판 또는 행정소송을 제기하여 그 처분이 잘못된 처분인지 여부를 다시 판단 받을 수 있습니다. 다만 90일 이내에 행정심판 또는 행정소송을 제기하지 않으면 그 국가유공자 요건 비해당 처분은 확정되어 잘못된 처분인지를 다시 판단받을 수 없으며, 설혹 처분을 받은 후 90일 경과 후에 행정심판 또는 행정소송을 제기하더라도 행정심판 또는 행정소송 제기 기간 경과로 각하됩니다.

한편 국가유공자 요건 비해당 처분이 확정되지 않은 상태에서 잘못된 처분임을 입증하는 자료나 새로운 입증자료를 처분한 보훈청에 제출하는 경우에는 행정심판 또는 행정소송 청구 및 진행과는 별도로 보훈청은 자체 판단(이의신청, 재등록)에 의하여 국가유공자 요건 해당 여부를 다시 판단받을 수 있습니다.

Q6.

군 복무 중 훈련 중 낙상하여 허리를 다쳤고, 국가유공자 등록신청을 하였으나 보훈보상대상자(재해부상군경)로 결정되었습니다. 재해부상군경으로 결정되면 다시 심사를 받을 수 없는지, 그리고 기존 자격도 박탈이 되는지요?

A6.

국가유공자 요건의 기준 및 범위 제2-2호에 해당하는 교육훈련 중에 추간판탈출증이 발병하였다고 하더라도, 관련 자료에 골절을 일으킬 정도의 강한 외상력이나 연조직 손상 등의 자료가 없는 경우에는 보훈처에서는 퇴행성 질환으로 분류하여 보훈보상대상자로 분류하고 있습니다. 물론, 국가유공자로 변경하여 달라는 행정심판이나 구분변경 등을 신청할 수가 있으며, 이의를 제기하였다고 하여 기존의 자격까지 박탈되지는 않습니다. 다만, 상이등급 재판정 신체검사의 경우 등급이 하락할 수도 있습니다.

Q7.

군 복무 중 선임병들로부터 가혹행위를 당하여 정신질환이 발병하였고, 국군대구병원에 입원하여 치료를 받았으나 승세에 호전이 없어 의병전역 후 일반병원에서 정신과 치료를 받고 있습니다. 정신질환의 경우 국가유공자 등록이 어렵다고 들었는데 가능할까요?

A7.

보훈심사위원회에서는 보훈심사를 할 때 공무와 상이와의 인과관계가 있는지에 대하여 중점을 두고 심사하게 됩니다. 외상에 의하여 발병하는 외과질환과는 달리 내과질환의 경우 공무와의 인과관계를 소명하는 것이 상당히 어렵습니다.

특히, 정신질환은 원인이 명확히 밝혀져 있지 않아 군 공무상 발병하였다고 보기 어려운 대표적인 질환이며, 보훈처 비해당 요구서에서도 기질적 질환(구조적으로 명확한 이상이 발견되는 질환을 일컬음)이라는 표현으로 정신질환의 원인이 공무상 발병하지 않았다고 판단하여 비해당 판정을 내리는 경우가 많은 것이 사실입니다.

그러나 입대 전의 건강 상태, 성격, 가족력, 복무환경과 발병 경위, 관련자들의 진술 등 정신질환의 발병 원인을 잘 소명하여 국가유공자나 보훈보상대상자에 해당된 사례가 많이 있으니 참고하시기 바랍니다.

Q8.

군 복무 중 무릎을 다쳐 2015년 2월 의병 전역 후 국가유공자 등록신청을 하여 요건 해당은 인정받았으나, 신체검사는 미달 판정을 받았습니다. 신체검사를 다시 받으려면 어떻게 해야 하나요?

A8.

신체검사에서 기준미달 판정을 받았을 경우, 90일 이내에 행정심판이나 행정소송이 가능하며, 그렇지 않을 경우에는 2년 후 다시 신체검사를 받을 수 있습니다.

그러나 상이처에 대한 악화 소견이나 수술적 치료가 있는 경우에는 2년 이내라도 신체검사를 다시 받을 수 있습니다. 신체검사의 경우, 보훈병원의 담당 의사는 판정할 대상자가 다소 많아 형식적으로 임하는 경우가 많습니다. 따라서 본인의 상이정도가 등급에 준함을 입증할 수 있는 자료를 사전에 철저하게 후유증을 소명하는 지료를 준비해야 됩니다.

또한, 보훈병원 담당 수검의의 1차 판단과 보훈심사위원회의 2차 판단까지 통과를 해야 상이등급을 받을 수 있으므로, '잘 되겠지!'라는 막연한 기대감으로 진행하면 어렵습니다. 신체검사 수검자 중 60-70%가 미달 판정을 받고 있습니다.

Q9.

군 입대 후 포병으로 보식되어 근무하였으며, 복무 중 무거운 물건을 많이 운반하였고 특별한 사고도 없이 어느 날 갑자기 허리 요통과 다리 방사통으로 국군수도병원에서 진료를 받고, 추간판탈출증으로 확진을 받았습니다. 2018년에 신청을 하였으나, 입대 이전에 허리 관련 병력이 있다는 이유로 비해당 통보를 받았습니다. 너무 억울합니다. 다시 신청하는 것이 가능할까요?

A9.

보훈심사위원회에서는 보훈심사를 할 때 공무와 상이와의 인과

관계가 있는지에 대하여 중점을 두고 심사하게 됩니다. 국가유공자의 혜택과 국가의 재정 여건상 과거보다는 현재에 더욱 엄격한 심사를 합니다. 예를 들어 입대 전에 과거력(염좌, 쨍윤, 타박상, 침, 요통)이 있을 경우, 이를 핑계로 비해당 통보 받을 가능성이 크기 때문에 신규 신청을 할 때부터 철저한 준비가 있어야 합니다. 물론, 과거력이 있다고 하더라도 입대 전 병력과 상이처와의 상관관계에 대한 의학적 증명이 있다면 해당이 될 수도 있습니다.

Q10.

부친이 베트남전에 참전하셨다가 총도 맞았고, 허혈성심장질환 6급 2항 국가유공자였습니다. 얼마 전에 사망하여 국립묘지에 안장 신청을 했는데, 안장심의대상자로 심사가 이루어진다고 합니다. 국립 현충원 안장대상과 불복절차는 어떻게 되나요?

A10.

고인의 경우 국가유공자 전상군경으로 국립 서울, 대전 현충원의 안장대상자입니다. 다만, 국가유공자 대상자가 병적상에 특이 이력이나 사회생활 등에서 범죄 경력이 조회되는 경우 안장심의대상자로 상정이 됩니다. 이는 국가유공법과 국립묘지안장법에서 지정하는 대상자의 자격 조건이 다르고 자격 박탈이나 심사 기준이 상이하기 때문입니다. 이때 전문가와 상의하여 적극적인 소명이 필요합니다.

Q11.

보훈병원 또는 위탁병원이 아닌 일반병원에서 진료를 받고 지불한 진료비의 환급이 가능한지요?

A11.

국가유공자는 보훈병원 또는 위탁병원에서 국비진료가 실시되며 국가유공자 유가족은 보훈병원 진료 시에만 감면혜택이 있으며 일반병원에서 임의로 진료를 받는 경우에는 의료비 환급이 불가능합니다.

다만, 국비신료대상자인 애국지사, 국가유공상이자, 보훈보상대상자이자, 5·18 민주 부상자, 고엽제후유의증환자 등이 일반병원에서 다음과 같은 절차를 거쳐 진료를 받을 경우에는 환급이 가능합니다.

- 보훈병원장으로부터 전문위탁진료 승인을 받은 경우
- 응급상황이 발생하여 보훈지청에 14일 이내에 통보한 경우
- 보훈지청에서 통원진료 승인을 받은 경우

Q12.

국가유공자 등록신청 결과 신체검사 상이등급 기준 미달이 된 경우에 상이처에 대한 국비진료가 가능한지요?

A12.

「국가유공자 등 예우 및 지원에 관한 법률」에 따른 전공상군경, 4·19 부상자, 공상공무원, 특별공로상이자, 6·18 자유상이자, 전투종사군무원, 「보훈보상대상자 지원에 관한 법률」에 따른 재해부상군경 및 재해부상공무원으로 신청하여 상이등급 기준에 미달된 경우 인정 상이처에 대해서는 보훈병원 또는 위탁병원에서 국비진료가 가능하며, 보훈병원장이 상이처에 대하여 보훈병원의 의료진, 시설, 장비 등 진료여건상 보훈병원에서 진료가 곤란하다 판단되면 전문의료시설(의료법 제3조에 의한 국내의료기관)로 진료의뢰를 할 수 있으며, 이 경우에는 국비진료를 받을 수 있습니다. 국비로 진료가 가능한 범위는 보훈심사위원회에서 심의, 의결된 원상병명으로 인정받은 상이처에 및 합병증이며, 국비지원 범위는 보훈병원은 상이처(합병증 포함)에 대한 진료비 전액, 위탁병원에서는 요양급여 진료비와 비급여 진료비 중 MRI, 초음파, 건위소화제에 대한 진료비를 지원하며, 전문위탁진료비는 요양급여 진료비 및 법정 비급여 진료비 전액을 지원합니다.

※ 전문위탁진료를 받지 않고 일반병원을 이용한 경우 의료지원 불가

Q13.

국가유공자 요건 해당 사실 여부는 어떻게 결정하는지요?

A13.

국가유공자 등 요건 해당 여부는 보훈심사위원회에서 각 군 본부 등 소속기관의 장이 확인하여 통보한 요건관련사실확인서와 관련 입증서류, 관할 보훈(지)청에 등록신청 시 제출된 관련 입증자료 등을 종합적으로 검토하여 심의의결하게 되며, 주소지 관할 보훈(지)청장이 결정합니다.

Q14.

군에서 부상을 입는 등 사유가 발생한 이후에 국가유공자 등록 신청을 하여야 하는 기한이 있는지요?

A14.

국가유공자 등 등록신청은 신청기한에 제한이 없습니다.

다만, 현역 군인 또는 재직 중인 경찰, 소방공무원은 전역이나 퇴직 이후 또는 6개월 이내에 전역이나 퇴직하는 경우, 국가유공자 등 등록신청이 가능합니다.

※ 전역·퇴직 6개월 이내 등록 신청(2020.9.25.부터 국가유공자법 등 개정시행)

보상금 등 보훈수혜를 받을 수 있는 권리발생은 등록신청을 한 날이 속하는 달부터(전·공상군경, 공상공무원에 해당하는 사람으로서 전역·퇴직 6개월 전 등록신청자는 전역·퇴직일 다음 날이 속하는 달부터) 발생합니다.

Q15.

국가유공자로 등록신청을 하고 결정되기까지의 소요기간은?

A15.

국가유공자 등으로 등록신청을 하고 결정되기까지의 기간은 대략 20일~6개월 정도가 소요됩니다.(*사실확인 및 심사기간 제외) 국가유공자로 등록신청을 하고 결정되기까지의 주요 대상별 소요 기간은 대략 다음과 같습니다.

- 무공수훈자, 보국수훈자: 20일
- 순국선열, 애국지사: 6개월~1년
- 전·공상군경(공무원), 재해부상군경(공무원): 6개월(신체검사 대상자는 2~3개월 추가 소요)
- 전몰·순직군경(공무원), 재해사망군경(공무원): 4~6개월
- 순직(공상)공무원, 재해부상(사망)공무원: 4개월

Q16.

국가유공자의 손자녀(외손자녀 포함)가 취업지원 대상에 포함되는지요?

A16.

손자녀(외손자녀 포함)가 취업지원 대상자에 포함되는 것은 독립유공자의 손자녀뿐입니다. 다만, 예외적으로 6·25 전몰군경자녀의 자녀(국가유공자의 손자녀) 및 독립유공자의 증손자녀가 취업지원 대상에 포함되는 경우가 있습니다.

6·25 전몰·순직군경 자녀의 경우 그가 지정한 그의 자녀 1인은 다음 사항에 해당할 경우에 한해서 취업지원 대상에 포함됩니다. 1953년 7월 27일 이전 및 참전유공자예우에관한법률 별표의 규정에 의한 전투 중에 전사하거나 순직한 군인 또는 경찰공무원으로서 전몰·순직군경의 배우자 또는 부모가 1993년 1월 1일 이후 보상금을 받은 사실이 없어야 하며, 동시에 6·25 전몰·순직군경의 자녀가 질병 또는 장애나 고령 등으로 취업을 할 수 없는 경우이어야 함.

Q17.

국가유공자 자녀의 취업지원 범위는?

A17.

2012년 6월 30일 이전 국가유공자로 등록되거나 2012년 7월 1일 이후 6급 이상 국가유공자로 등록된 경우 그 자녀는 모두 취업지원 대상자입니다. 다만, 2012년 7월 1일 이후 등록자 중 상이 7급 판정자의 자녀 및 비상이자(무공·보국수훈자, 4·19 혁명공로자, 특별 공로자)의 자녀는 취업지원 대상에서 제외됩니다.

※ 보상체계 개편 관련 2012년 6월 30일 이전 등록자인 경우 보훈특별고용과 특별채용을 합산하여 자녀 3명, 2012년 7월 1일 이후 6급 이상 상이자로 등록되는 경우, 그의 자녀 1명만 지원(지원 횟수 3회 제한). 단, 가점취업은 연령, 인원 및 횟수 제한 없음.

국가유공자의 자녀는 인원, 연령, 결혼 및 출가·분가 여부와 관계없이 누구나 취업지원 대상자에 해당됩니다만, 2012년 7월 1일 이후 등록자 중 상이 7급 판정자의 자녀 및 비상이자(무공·보국수훈자, 4·19 혁명공로자, 특별공로자)의 자녀는 취업 지원 대상에서 제외됩니다.

또한 국가유공자 양자의 경우는 국가유공자가 직계비속(아들·딸)이 없어 입양한 1인만이 취업지원 대상자입니다.

2012년 6월 30일 이전 국가유공자로 등록된 경우 국가유공자 자녀의 보훈특별고용에 따른 취업지원 연령은 35세까지이며, 가구당 보훈특별고용(특별채용 포함)에 따른 취업지원 인원수는 3명이나, 2012년 7월 1일 이후 6급 이상 상이자로 등록된 경우, 그의 자녀는 1명만 지원하며 지원횟수는 3회로 제한합니다.

다만, 가점취업에 의한 경우에는 연령이나 인원수 및 횟수 제한이 없습니다.

한편, 국가유공자 등 예우 및 지원에 관한 법률 시행령 제57조에 의한 6·25 전몰·순직군경 자녀의 보훈특별고용에 따른 취업지원 연령은 55세까지입니다.

Q18.

국가유공자 등의 취업지원 대상 범위는?

A18

취업지원 대상의 범위는 국가유공자 및 그 유족의 대상별로 그 범위를 달리하고 있습니다.

대상별 취업지원 대상 범위는 다음과 같습니다.

- 독립유공자: 본인 및 배우자, 자녀, 손자녀
- 국가유공자, 6·18 자유상이자: 본인 및 배우자, 자녀, 부모, 조부모
- 보훈보상대상자: 본인 및 배우자
- 장애등급판정 고엽제후유의증환자: 본인, 배우자, 자녀
- 5·18 민주유공자, 특수임무공자: 본인, 배우자, 자녀, (조)부모
- 전역한 지 3년이 경과하지 않은 10년 이상 장기복무 제대군인(보훈특별고용, 일반직 공무원특별채용만 혜택)

Q19.

취업지원 대상자의 가점부여 및 가점대상 직급은?

A19.

채용시험이 필기·실기·면접시험 등으로 구분되어 실시되는 시험의 경우에는 각 시험마다 가점을 받으며, 6급 이하의 일반직공무원, 특정직공무원, 무기계약 및 기간제근로자와 공·사기업체의 모든 직급의 채용시험에 가점을 받을 수 있습니다.

국가기관·지방자치단체·군부대 및 국·공립학교의 일반직, 특정직의 가점대상 직급은 다음과 같습니다.

- 일반직 공무원: 6급 이하 공무원 또는 연구사·지도사
- 특정직 공무원: 교사, 경위이하 경찰공무원, 소방경 이하 소방공무원, 준사관 및 부사관, 6급 이하 일반군무원 및 기능군무원의 모든 직급, 6급 이하 국가정보원 직원, 기타 특정직공무원 중 6급 이하
- 「기간제 및 단시간근로자 보호 등에 관한 법률」에 따른 기간제근로자 및 기간에 정함이 없이 근로계약을 체결하는 근로자

공·사기업체, 공·사단체는 채용직원의 모든 직급이 가점대상이며, 사립학교는

- 초·중등교육법 제19조 및 유아교육법 제20조 제1항의 규정에 의한 교사
- 교원을 제외한 교직원의 모든 직급이 가점대상입니다.

Q20.

국가유공자(유족) 보상금 수급권 승계절차는 어떻게 되는지?

A20.

보상금 지급순위에 의거 배우자, 미성년 자녀, 부모 순으로 승계됩니다.

보상금 수급권은 보상금을 수령하던 국가유공자 또는 선순위유족 사망 시 국가유공자법에 정해진 보상금지급 순위에 따라 배우자, 미성년자녀, 부모순으로 승계되며, 보상금을 받을 유족 중 같은 순위자가 2명 이상일 경우에는 나이가 많은 사람을 우선하되, 국가유공자를 주로 부양·양육한 자를 우선하며, 위 규정에도 불구하고 같은 순위 유족간의 협의에 의하여 같은 순위 유족 중 1명을 보상금을 받을 사람으로 지정할 수 있습니다.

Q21.

국가유공자의 상이등급 기준이 장애인등급 기준과 다른 이유는?

A21.

국가유공자법과 장애인복지법은 각 법률의 제정취지, 목적에 따라 등급체계 및 기준이 서로 다릅니다.

장애인복지법에 따른 장애등급은 장애인의 인간다운 삶과 권리

보장을 위한 복지를 지원하기 위하여 판정하고 있으나, 국가유공자법에 따른 상이등급은 국가를 위해 공헌과 희생에 상응한 보상을 결정하기 위하여 등급을 판정하고 있습니다.

따라서 장애인복지법에 따른 장애등급과 국가유공자법에 따른 상이등급은 각 법률의 제정취지, 지원 대상, 등급의 구분 등 기준과 보상이 서로 다릅니다.

〈신체검사 기준근거〉

o 장애인: 장애인복지법(*2개 등급)

  * 장애정도가 심한 장애인(종전 1~3급), 장애정도가 심하지 않은 장애인(종전 4~6급)

o 국가유공자: 국가유공자법(11개 등급 186개 호수)

Q22.

보훈병원 외 다른 의료기관의 최종진단서를 제출할 경우 보훈병원에서 실시하는 신체검사를 생략하고 상이등급을 판정할 수 있는지?

A22.

신체검사 대상자가 의료법에 따른 상급종합병원의 진단서(최종진단 확정)를 제출하는 경우 서면심사에 의한 상이등급의 판정이 가능합니다.

국가유공자 등 예우 및 지원에 관한 법률 시행령 제13조 4호에 따라 신체검사 대상자가 의료법 제3조의4에 따른 상급종합병원의 진단서(병명란에 최종진단을 적은 것으로 한정한다)를 제출하는 경우 서면심사에 의한 상이등급의 판정이 가능합니다.

다만, 서면 신체검사를 신청하더라도 신체검사 과정에서 신체검사 의사가 대면 신체검사가 필요하다고 판단할 경우에는 대면 신체검사로 전환될 수도 있습니다.

Q23.

국가보훈대상자(상이군경 등)들의 상이등급 판정 절차는?

A23.

상이등급은 병상일지 및 진단서 등에 근거하여 전문의사가 면담·검진하고 그 결과를 토대로 공정하게 심사하여 판정하고 있습니다.

신체검사는 전투 또는 공무수행 중 부상을 입거나 발생한 질병(인정 상이처)에 대하여 보훈병원 전문의가 병상일지 및 진단서, 정밀검사 자료 등을 토대로 상이등급 소견을 작성하고, 외부 전문가가 참여하는 보훈심사위원회에서 보훈병원 신검의 소견 및 관련 기록 등을 토대로 법령에서 정한 상이등급 기준(상이등급구분표, 신체 부위별 상이등급결정)에 따라 상이등급을 심사하고 있습니다.

Q24.

국립현충원 안장대상은?

A24.

순국선열과 애국지사, 전·공상군경(군인·군무원·경찰관), 무공수훈자, 20년 이상 군복무자, 재일학도의용군인과 화재진압, 인명구조, 재난·재해구조, 구급업무의 수행 또는 그 현장을 가상한 실습훈련과 「소방기본법」에 따른 소방지원활동 및 생활안전활동 중 순직한 소방공무원, 의사자 및 의상자(1~3급), 위험직무 수행 중 순직 또는 공상공무원(1~3급), 국가사회공헌자 등이 안장 대상입니다.(의사상자, 위험직무수행 중 순직 또는 공상공무원, 국가사회공헌자는 안장대상심의위원회 심의를 거쳐 안장대상자로 결정된 사람에 한해 안장이 가능합니다.)

다만, 금고 이상의 형의 선고(집행유예 포함)를 받은 사실이 있는 경우 및 탈영, 전역사유 확인불가 등 병적기록에 이상이 있는 경우에는 국립묘지 안장대상 여부 심의기간 동안 안장승인이 보류되었다가 안장대상심의위원회의 결정에 따라 안장 여부가 결정됩니다.

- 국적상실자(독립유공자와 재일학도의용군인은 제외)도 안장대상심의위원회 결정에 따라 안장 여부가 결정됩니다.(2014.1.17. 이후 사망자)

Q25.

국립호국원 안장(이장)절차는?

A25.

국립호국원 안장대상인 참전유공자 등이 사망하면 국립묘지안장관리시스템 또는 국립호국원 홈페이지의 「안장신청」을 이용하여 신청하시고, 심사 후 핸드폰 문자메시지로 안장 승인사항이 통지되면 유골 봉안 등은 국립묘지와 협의하시기 바랍니다.

국립호국원 안장은 발인하시는 날에 개별안장을 하실 수 있으며, 합동안장을 희망하시는 경우 국립호국원에 임시 안치 후 별도로 정한 날짜에 합동 안장을 하시면 됩니다.

국립호국원 안장을 희망하시는 유족께서는 국립묘지안장시스템(www.ncms.go.kr) 또는 국립호국원 홈페이지의 「안장신청」을 이용하셔서 인터넷으로 신청하시면, 해당 국립묘지에서 법 대상, 신원확인 심사 등을 통해 안장여부를 결정하며, 신청 시 기재한 휴대폰 문자메시지로 승인과 관련된 사항이 통지된 후 유골 봉안 등은 해당 국립묘지와 협의하시어 안장하시면 됩니다.

다만, 금고 이상의 형의 선고를 받은 사실이 있는 경우 및 병적 이상 등의 경우에는 안장대상심의위원회 심의를 거쳐 안장여부가 결정됩니다.

부록

부록

1. 국가보훈처와 관련 기관
2. 국가유공자 요건의 기준 및 범위
3. 보훈보상대상자 요건의 기준 및 범위

1. 국가보훈처와 관련 기관

구분	주소	전화번호
국가보훈처	세종특별자치시 도움4로 9 국가보훈처	1577-0606
서울지방보훈청	서울특별시 용산구 이태원로 6(한강로 1가 107)	02-3785-0815
서울북부보훈지청	서울특별시 도봉구 도봉로 150 나길(방학1동 707-3)	02-944-9260
서울남부보훈지청	서울특별시 서초구 효령로 142(방배동)	02-3019-2300
경기남부보훈지청	경기도 수원시 장안구 조원로 8(영화동 15-5)	031-259-1801
인천보훈지청	인천 미추홀구 석정로 239 인천지방합동청사 1층	032-588-4100
경기북부보훈지청	의정부시 평화로 589(의정부1동 238-8)	031-843-5748
경기동부보훈지청	용인시 기흥구 용구대로 2354(마북동 360-9)	031-289-2302
강원서부보훈지청	춘천시 후석로 440번길 64(후평동)	033-258-3637
강원동부보훈지청	강원도 강릉시 동해대로 3310	033-610-0625
대전지방보훈청	대전광역시 서구 한밭대로 713(월평동)	042-280-1114
충남서부보훈지청	충청남도 홍성군 홍성읍 문화로 91(오관리 488-2)	041-630-3700
충남동부보훈지청	천안시 동남구 원성1길 19(원성동)	041-589-4900
충북북부보훈지청	충주시 중원대로 3230(호암동 695-29)	043-841-8801
충북남부보훈지청	청주시 서원구 1순환로 1047, 청주지방합동청사	043-285-3213
대구지방보훈청	대구광역시 달서구 화암로 301	053-230-6010
경북북부보훈지청	예천군 호명면 행복1길 5 정부경북지방합동청사 1층	054-650-1400
경북남부보훈지청	경북 경주시 금성로 355번지	054-778-2600
부산지방보훈청	부산시 중구 중앙대로148번길 13(중앙동4가)	051-469-8991
울산보훈지청	울산광역시 남구 대공원입구로 7(옥동 267-5)	052-228-6500

경남동부보훈지청	창원시 마산합포구 제2부두로 10호 정부경남지방합동청사 5층	055-981-5600
경남서부보훈지청	경남 진주시 월아산로 2082-5(초전동 311-3)	055-752-3881
광주지방보훈청	광주광역시 북구 첨단과기로 208번길 43	062-975-6500
전북서부보훈지청	익산시 선화로1길 58-5(모현동2가)	063-850-3702
전북동부보훈지청	전주시 완산구 홍산남로 10(효자동)	063-239-4500
전남서부보훈지청	전남 목포시 관해로 29길	061-273-0092
전남동부보훈지청	전라남도 순천시 팔마2길 7(연향동 1692-6)	061-720-3200
국립대전현충원	대전광역시 유성구 현충원로 251(갑동)	042-822-0026
국립영천호국원	경북 영천시 고경면 호국로 1720	054-330-0850
국립임실호국원	전북 임실군 강진면 호국로 420	063-640-6081
국립이천호국원	경기도 이천시 설성면 노성로 260	031-645-2331
국립산청호국원	경상남도 산청군 단성면 목화로 170번길 57	055-970-0770
국립괴산호국원	충청북도 괴산군 문광면 호국로 159	043-830-1177
국립4·19민주묘지관리소	서울특별시 강북구 4·19로 8길 17 (수유동 산9-1)	02-996-0419
국립3.15민주묘지관리소	창원시 마산회원구 3·15성역로 75	055-253-9315
국립5·18민주묘지관리소	광주시 북구 민주로 200	062-266-5184
보훈심사위원회	세종특별자치시 가름로 232, 세종비즈니스센터 B동 4층	1577-0606
중앙보훈병원	서울 강동구 진황도로 61길 53	02-2225-1111
대전보훈병원	대전 대덕구 대청로 82번길 147	042-939-0111
광주보훈병원	광주 광산구 첨단월봉로 99	062-602-6114
대구보훈병원	대구 달서구 월곡로 60	053-630-7000
부산보훈병원	부산 사상구 백양대로 420	051-601-6000
인천보훈병원	인천 미추홀구 인주대로 138	032-363-9800

2. 국가유공자 요건의 기준 및 범위 〈개정 2022. 1. 13.〉

1. 전투 또는 이에 준하는 직무수행 중 사망하거나 상이를 입은 사람

구분	기준 및 범위
1-1	전투 또는 이와 관련된 행위 중 사망하거나 상이를 입은 사람
1-2	국외에 파병 또는 파견되어 전투 또는 이와 관련된 행위 중 사망하거나 상이를 입은 사람
1-3	공비소탕작전 또는 대간첩작전에 동원되어 그 임무를 수행하는 행위 중 사망하거나 상이를 입은 사람
1-4	1-3의 작전을 수행하기 위하여 필요한 인원, 장비, 물자, 탄약 등을 보급하고 수송하는 등의 지원행위 중 사망하거나 상이를 입은 사람
1-5	적국지역이나 반국가단체가 배타적인 영향력을 행사하는 지역에서 임무를 수행하는 행위 중 사망하거나 상이를 입은 사람
1-6	적이나 반국가단체(이에 동조한 사람을 포함한다)에 의한 테러·무장폭동·반란 또는 치안교란을 방지하기 위한 전투 또는 이와 관련된 행위 중 사망하거나 상이를 입은 사람
1-7	전투 또는 이와 관련된 행위 중 적의 포로가 되거나 국외에 파병 또는 파견 중 전투 또는 이와 관련된 행위로 억류되어 사망하거나 상이를 입은 사람(적국 등에 동조한 사람은 제외한다)

구분	
1-8	가. 적이 설치한 위험물에 의하여 사망하거나 상이를 입은 사람 나. 적이 설치한 위험물을 제거하는 작업 중 사망하거나 상이를 입은 사람

2. 국가의 수호·안전보장 또는 국민의 생명·재산 보호와 직접적인 관련이 있는 직무수행이나 교육훈련 중 사망하거나 상이를 입은 사람(국가의 수호·안전보장 또는 국민의 생명·재산 보호와 직접적인 관련이 있는 직무수행이나 교육훈련으로 인하여 질병이 발생하거나 그 질병으로 사망한 사람을 포함한다)

구분	기준 및 범위
2-1	가. 다음의 어느 하나에 해당하는 직무수행(이와 직접 관련된 준비 또는 정리행위 및 직무수행을 위하여 목적지까지 이동하거나 직무수행 종료 후 소속부대 등으로 이동하는 행위를 포함한다)이 직접적인 원인이 되어 발생한 사고나 재해로 사망하거나 상이를 입은 사람 1) 군인(군무원을 포함한다)으로서 경계·수색·매복·정찰, 첩보활동, 강하 및 상륙 임무, 고압의 특수전류·화생방·탄약·폭발물·유류 등 위험물 취급, 장비·물자 등 군수품의 정비·보급·수송 및 관리, 대량살상무기(WMD)·마약 수송 등 해상불법행위 단속, 군 범죄의 수사·재판, 「군에서의 형의 집행 및 군수용자의 처우에 관한 법률」에 따른 계호업무, 검문활동, 범인 또는 피의자 체포, 주요 인사 경호, 재해 시 순찰활동, 해난구조·잠수작업, 화학물질·발암물질 등 유해물질 취급, 산불진화, 감염병 환자의 치료나 감염병의 확산방지, 인명구조·재해구호 등 대민지원 업무

2-1	2) 경찰공무원으로서 범인 또는 피의자 체포, 경비 및 주요 인사 경호, 교통의 단속과 위해의 방지, 대테러임무, 치안정보 수집 및 긴급신고 처리를 위한 현장 활동, 대량살상무기(WMD)·마약 수송 등 해상불법행위 단속, 해난구조·잠수작업, 화학물질·발암물질 등 유해물질 취급, 감염병 환자의 치료나 감염병의 확산방지, 범죄예방·인명구조·재산보호·재해구호 등을 위한 순찰활동 및 대민지원 업무 3) 소방공무원으로서 화재진압, 인명구조 및 구급 업무, 화재·재난·재해로 인한 피해복구, 감염병 환자의 치료나 감염병의 확산 방지, 화학물질·발암물질 등 유해물질 취급, 119에 접수된 생활안전 및 위험제거 행위(화재·재난·재해 또는 위험·위급한 상황에서의 생활안전 지원에 해당되는 경우를 말한다) 4) 공무원(군인, 경찰공무원 및 소방공무원은 제외한다)으로서 재난관리 및 안전관리, 산불진화, 산림병해충 항공 예찰·방제작업, 불법어업 지도·단속, 「형의 집행 및 수용자의 처우에 관한 법률」에 따른 계호업무, 주요 인사 경호, 감염병 환자의 치료나 감염병의 확산방지, 화학물질·발암물질 등 유해물질 취급, 국외 위험지역에서의 외교·통상·정보활동 등 생명과 신체에 고도의 위험이 따르는 업무 5) 비무장지대와 인접한 초소, 레이더기지·방공포대 및 도서·산간벽지 등에 위치한 근무지와 주거지를 이동하는 행위 나. 그 밖에 국가의 수호·안전보장 또는 국민의 생명·재산 보호와 직접적인 관련이 있는 행위로서 직무의 성질, 직무수행 당시의 상황 등을 종합적으로 고려하여 보훈심사위원회가 가목 1)부터 5)까지의 직무수행에 준한다고 인정하는 행위

2-2	2-1의 직무수행과 직접 관련된 실기·실습 교육훈련(이와 직접 관련된 준비 또는 정리행위, 전투력 측정, 직무수행에 필수적인 체력검정과 교육훈련을 위하여 목적지까지 이동하거나 교육훈련 종료 후 소속부대 등으로 이동하는 행위를 포함한다)이 직접적인 원인이 되어 발생한 사고 또는 재해로 사망하거나 상이를 입은 사람
2-3	간첩의 신고 및 체포와 관련된 행위 중 사망하거나 상이를 입은 사람
2-4	출장 또는 파견기간에 2-1의 직무수행 또는 2-2의 교육훈련이 직접적인 원인이 되어 사고나 재해로 사망하거나 상이를 입은 사람
2-5	국제평화유지 및 재난구조활동 등을 위하여 국외에 파병·파견되어 건설·의료지원·피해복구 등의 직무수행(이와 관련된 교육훈련을 포함한다)이 직접적인 원인이 되어 발생한 사고 또는 재해로 사망하거나 상이를 입은 사람
2-6	국외에서 천재지변·전쟁·교전·폭동·납치·테러·감염병 등의 위난상황이 발생하였을 경우 대한민국 국민에 대한 보호 또는 사고수습 등의 직무수행 중 그 직무수행이 직접적인 원인이 되어 발생한 사고 또는 재해로 사망하거나 상이를 입은 사람
2-7	국제회의, 국제행사, 정부합동특별대책, 비상재난대책, 국정과제 등 중요하고 긴급한 국가의 현안업무 수행 중 단기간의 현저한 업무량의 증가로 인한 육체적·정신적 위해가 직접적인 원인이 되어 사망하거나 상이를 입은 사람

2-8	다음 각 목의 어느 하나에 해당하는 질병에 걸린 사람 또는 그 질병으로 인하여 사망한 사람(기존의 질병이 원인이 되거나 악화된 경우는 제외한다) 가. 2-1부터 2-7까지의 직무수행 또는 교육훈련 중 입은 분명한 외상이 직접적인 원인이 되어 질병이 발생하였다고 의학적으로 인정된 질병 나. 2-1부터 2-7까지의 직무수행 또는 교육훈련이 직접적인 원인이 되어 질병이 발생하였다고 의학적으로 인정된 질병 다. 상당한 기간 동안 심해에서의 해난구조·잠수작업, 감염병 환자의 치료 또는 감염병의 확산방지 등 생명과 신체에 대한 고도의 위험을 무릅쓰고 직무를 수행하던 중 그 직무수행이 직접적인 원인이 되어 질병이 발생하였다고 의학적으로 인정된 질병 라. 화학물질·발암물질·감염병 등 유해물질을 취급하거나 이에 준하는 유해환경에서의 직무수행(이와 관련된 교육훈련을 포함한다.) 중 이들 유해물질 또는 유해환경에 상당한 기간 직접적이고 반복적으로 노출되어 질병이 발생하였다고 의학적으로 인정된 질병

3. 보훈보상대상자 요건의 기준 및 범위
   〈개정 2021. 1. 5.〉

구분	기준 및 범위
1.	「국가유공자 등 예우 및 지원에 관한 법률 시행령」 별표 1 제2호의 2-1부터 2-8까지의 직무수행 외의 직무수행(이와 관련된 준비 또는 정리 행위 및 직무수행을 위하여 목적지까지 이동하거나 직무수행 종료 후 소속부대, 근무지 등으로 이동하는 행위를 포함하며, 이하 이 표에서 '직무수행'이라 한다) 중 사고 또는 재해로 사망하거나 상이를 입은 사람
2.	「국가유공자 등 예우 및 지원에 관한 법률 시행령」 별표 1 제2호의 2-1부터 2-8까지의 교육훈련 외의 교육훈련(이와 관련된 준비나 정리 행위 및 교육훈련을 위하여 목적지까지 이동하거나 교육훈련 종료 후 소속부대, 근무지 등으로 이동하는 행위를 포함하며, 이하 이 표에서 '교육훈련'이라 한다) 중 사고 또는 재해로 사망하거나 상이를 입은 사람
3.	부대, 직장 또는 교육훈련기관에서 공급한 음식물 또는 출장·교육훈련 중 사 먹은 음식물의 중독으로 사망하거나 상이를 입은 사람
4.	영내·당직실에서 취침하거나 출장·파견 등으로 외부에서 취침하는 중 사고 또는 재해로 사망하거나 상이를 입은 사람
5.	주거지와 근무지를 순리적인 경로와 방법으로 출퇴근 중 발생한 사고 또는 재해로 사망하거나 상이를 입은 사람

6.	출장 또는 파견기간에 직무수행 또는 교육훈련 중 사고 또는 재해로 사망하거나 상이를 입은 사람
7.	전보·파견 등 명령을 받고 순리적인 경로와 방법으로 근무지 또는 목적지로 이동 중 사고 또는 재해로 사망하거나 상이를 입은 사람
8.	「군인사법」 제6조에 따른 단기복무 장교·부사관 및 「병역법」 제2조에 따른 군간부후보생·상근예비역·사회복무요원·대체복무요원, 같은 법 제16조·제20조에 따라 입영된 현역병, 같은 법 제25조에 따라 전환복무된 의무소방원·의무경찰(이하 '의무복무자'라 한다)로서 휴가·외출·외박 허가를 받아 순리적인 경로와 방법으로 목적지로 가거나 근무지로 복귀하는 중 발생한 사고 또는 재해로 사망하거나 상이를 입은 사람
9.	의무복무자로서 소속 상관의 지휘하에 체력단련 중 사고 또는 재해로 사망하거나 상이를 입은 사람(해당 체력단련 행위에 함께 참여한 군인, 군무원, 경찰·소방·교정직 공무원을 포함한다)
10.	소속 부대(부서)장 또는 소속기관장의 지휘·지배·관리하의 사기진작 또는 직장행사 중 사고나 재해로 사망하거나 상이를 입은 사람
11.	해당 질병의 발생 또는 악화(자연경과적인 진행 속도 이상의 현저한 악화를 말한다)가 직무수행 또는 교육훈련과 상당한 인과관계가 있다고 의학적으로 인정된 질병에 의하여 사망하거나 상이를 입은 사람
12.	의무복무자로서 영내 또는 근무지에서 휴식 또는 내무생활 중 사고 또는 재해로 사망하거나 상이를 입은 사람

13.	의무복무자(비무장지대에 인접한 초소, 해안, 함정 등에서 경계근무를 하는 사람을 포함한다)로서 복무 중 사망한 사람(직무수행 또는 교육훈련과 인과관계가 명백하게 없는 이유로 사망한 사람 및 법 제2조제3항 각 호의 어느 하나에 해당하는 이유로 사망한 사람은 제외한다.)
14.	의무복무자로서 복무 중 「국가유공자 등 예우 및 지원에 관한 법률 시행령」 별표 1 제2호의 2-8 및 이 표 제11호에 해당하지 않는 질병이 발생하였거나 그러한 질병의 진단 또는 치료를 받고 복무 중이나 전역한 후 2년 이내에 해당 질병이 직접적인 원인이 되어 사망하였다고 인정된 사람. 다만, 전역한 후 2년이 지나 사망한 경우에도 그 질병의 특성 및 진행 경과 등을 고려하여 해당 질병이 직접적인 원인이 되어 사망하였다고 인정된 경우에는 보훈보상대상자로 인정할 수 있다.
15.	군인 또는 의무복무자로서 직무수행 또는 교육훈련과 관련한 구타·폭언, 가혹행위, 단기간에 상당한 정도의 업무상 부담 증가, 만성적인 과중한 업무의 수행 또는 초과근무 등에 따른 육체적·정신적 과로가 직접적인 원인이 되어 자해행위를 하여 사망하였다고 인정된 사람
16.	의무복무자로서 복무 중 해당 질병의 발생 또는 악화(자연경과적인 진행 속도 이상의 현저한 악화를 말한다)가 직무수행 또는 교육훈련과 상당한 인과관계가 있다고 인정된 질병에 의하여 상이를 입은 사람